経済人、二度目の死

大阪の政治情勢に見る日本社会の変容と未来

森本雄一郎

ダイヤモンド社

本書に登場する人名は、敬称を省略させていただきます

まえがき

正統保守主義。

ピーター・ファーディナンド・ドラッカー（Peter Ferdinand Drucker, 1909-2005）の思想の原点である。ここからすべてが生まれた。現代経営学などが生まれ、マネジメントが生まれた。

しかしながら、ドラッカーをよく知る人たちにでさえ、このことはあまり知られていない。そのような人たちにとっては、本書の内容には多くの疑問符が付くのではないだろうか。「どうしてドラッカーが日本における一地方の政治事情に関係するのであろうか？　筆者は無理矢理に関係性をもたそうとしているのではないだろうか？」と。

本書の拠り所としているドラッカーの名著『「経済人」の終わり』は、若きドラッカーの境遇や第二次世界大戦当時の社会について書かれたものであり、マネジメントや企業経営についてよく知られるドラッカーの顔とは関係がない。

あるいは、それは第二次世界大戦前・戦中のヨーロッパの話であって、世界大戦が終了し、七〇余年の歳月が流れ様変わりした現代社会とは関係がないのではないかと思われるかもしれない。

これらの疑問の答えとしては、もちろん関係があるということになる。しかも、大いに関係がある。先に示された疑問と本書をつなぎ、世紀を超えた社会の実情をつなぐキーワードとなるのが、冒頭の「正統保守主義」である。

「正統保守主義」という言葉を聞くと、読者のほとんどは保守とイメージされるものを頭に思い浮かべるかもしれない。日本でいえば、愛国精神を声高に叫ぶことや、戦前の家長制度的な思想、あるいは単に無難で守旧的な考え方などを想像されるかもしれないが、それらではない。イズム、すなわち頭で考えた観念やイデオロギーのことでもない。

政治的社会的思想であるこの正統保守主義をマネジメントの言葉を用いて定義すれば、「正統保守主義とは、イノベーションとマーケティングによる社会の保存と発展に責任をもつもの」である。国・地方を問わず、議会や議員もそのような役割を担わなければならない。

そして、正統保守主義がまずもって行わなければならないことは、政治的熱狂を葬り去ることである。時代の転換期には人々はヒーローを求め、救世主の誕生を期待し、時には魔術師にも奇跡を起こしてくれることを願う。

現時代の日本は、一〇〇年ほど前のヨーロッパと同じように、旧時代と新時代の狭間にある。

このような時代の転換期や断絶の時代においては、全体主義的なものに傾倒するきらいがあり、破壊的行為が主流になる。

政治的熱狂を葬り去ること――。非常に難しい試みだが、これを行わなければ惨劇は繰り返される。

> 民主主義が全体主義に劣っているのは、平等を実現できないからではない。一〇〇万人集会を組織できず、指導者への一斉歓呼を送れないからである。[*1]

『「経済人」の終わり』で述べられているドラッカーの究極の言葉である。『経済人、二度目の死――大阪の政治情勢に見る日本社会の変容と未来』は、多くの方に『「経済人」の終わり』を知っていただくことも目的としている。本書の構成と原文をそのまま利用している理由はここにある。私なりにわかりやすいように加筆しているところもあるが、本書では『「経済人」の終わり』で使われているファシズム全体主義を維新主義運動、絶望や大衆を、失望、民衆といった言葉に置き換えていたりしている。

断っておくが、維新の会（以降、必要に応じて「維新」と表記）を真のファシズムであるとか、元代表の橋下徹をアドルフ・ヒトラーになぞらえているのではない。選民思想や大量殺戮を肯定しているものと断じて同じものではないことはいうまでもない。橋下徹や維新の会をハシズムなども揶揄する者もあるが、私はそれらと同じ立場をとらない。

私がこれらの言葉を置き換える理由は、ドラッカーが「ルソーからヒトラーまでの系譜」で示しているように、革新者には共通しているものがあるからである。そして、維新の会の運動には、全体主義運動の症状と非常に似ている部分と完全に一致している部分がある。この意味において使用している。


詳しくは本書で論述していくが、ここで私が危惧しているものを明確にするためにも、ファシズムと維新の会が似ているようで異なるものと、異なるようで同質のものを挙げておく。

まず、ナチズムと維新は経済政策が異なっている。

ナチズムは脱経済化を目指した。一方、維新のそれは現時代の経済至上主義、新自由主義のままであり、それを加速させて徹底した経済至上新自由主義に基づいたものである。

維新は、新自由主義と徹底した民営化改革、コストカットによって、社会的な公平・公正をも実現させせようとしている。すなわち、従前からある新自由主義に急進力をかけて成長戦略を描こうとする。ゆえに、目指す社会は脱経済ではない。

だが一方で、脱経済のような事業も施す。つまり、非経済的な満足・報酬・報奨を垂直的分配とパフォーマンスによって民衆に与えようとする。そして、それらの成果と敵を倒す姿、民衆と一緒になって敵を倒すことによる民衆の社会参加をもって、民衆に「社会的な満足」を与えている。

このことから、ファシズム全体主義は脱経済を実現するために「組織」を代用したが、維新主義運動は「組織」ではなく、「大阪都構想」や「大阪モデル」といった事業モデルを代用することになる。そしてこのことは、当然の帰結として新しい形態（外の殻）、標語、装飾が先行することになり、中身の実体が覚束ないものとなる。これが二〇一五年と二〇二〇年に大阪で行われた、いわゆる「大阪都構想」の住民投票の本質でもある。

他方、異なっているが同一視できるものがある。それは「敵」をつくり続けるための戦闘行為である。ナチズムと維新、どちらも敵をつくり上げ、魔物あるいはその化身と認定したものと戦っている。前者は当然に国家間の戦争も含み、後者は国内の組織や団体との戦闘行為である。

日本人は「維新」という言葉と行為が大好きである。理由はいくつか挙げられよう。それは理性というよりか、いずれも感情に訴えるものである。そして、時の社会における問題や次代への転換期が顕在化あるいは顕在化させようとしたときに「維新」なるものの大義が叫ばれる。

だが、ご存じの通り、明治維新以外は成功とされているものはない。明治維新の次は、大正維新、昭和維新、そして平成維新と続いた。当然、令和維新も叫ばれることになるだろうし、次の元号の維新も声高らかに叫ばれることになるだろう。しかし、それらは標語が先行する中身のない「維新」である。

＊1　P・F・ドラッカー著・上田惇生訳『「経済人」の終わり』p.203より引用（2018年第6刷、ダイヤモンド社刊）

経済人、二度目の死

大阪の政治情勢に見る日本社会の変容と未来

目次

第七章　維新主義運動の新自由主義社会……125

序章

『「経済人」の終わり』から八〇年後の日本　大阪

維新の会（大阪の政治団体、政党）の連戦連勝が続いている。二〇二〇年一一月のいわゆる大阪都構想の住民投票では維新陣営が僅差で負けはした。大きな敗北に見えるかもしれないが、ほかに影響を及ぼすようなものではない。

ここ一〇年、テレビ、新聞、ネット、SNSが伝えるのは維新の快進撃のニュースばかりである。破竹の勢いでの快進撃に、大阪の旧来の勢力は守勢に回っている。抵抗できないでいる。為す術がない。

こうした大阪の動きだけでなく、世界の政治と社会の変容を見るにつけ、私自身、どこかで似たような経験をしたことを感じた。正確にいえば、それは経験ではなく書物の世界であった。十数年前に愛読した、ピーター・F・ドラッカーの処女作『「経済人」の終わり』であり、次著の『産業人の未来』に描かれた世界であった。

思い返してそれらを読み、また、ドラッカーの観察手法である「通念に反することで、すでに起こっていること」や「その変化が一時的なものではなく、本当の変化であることを示す証拠はあるか」「その変化に意味と重要性があるならば、どのような脅威あるいは機会がもたらされるか」といったフィルターで物事を見る癖がついていた私には、いくつかの「新しい現実」が朧気ながら見えた気がした。

そして、私の仮説が現実のものとなったとき、この『経済人、二度目の死——大阪の政治情勢に見る日本社会の変容と未来』を発刊する決意にいたった。

本のタイトルをこのようにした理由はいくつもあるが、その最たる理由は、約一〇〇年前とまったくといっていいほど同じ事象が今日に起こっているからである。そして今度も、経済人が終焉を迎える兆しがでてきているからである。

ドラッカーは、一九世紀の経済至上主義は終わりを告げ、次に脱経済至上主義の社会を見た。この脱経済社会を実現し、組織を社会でいち早く機能させたのがアドルフ・ヒトラー率いるナチスの社会であった。

しかし、ナチスによる脱経済社会は奇跡ではなく蜃気楼であった。ところが全体主義のナチスが崩壊し、西欧の民主主義国が勝利した第二次世界大戦後の社会は、経済中心の社会となった。脱経済社会ではなかった。

それどころか、一九九〇年代までの約五〇年間は確実に経済中心の社会となった。ドラッカーの後の著書『ネクスト・ソサエティ』にもそのように記されている。戦後の世界観、人間観はまさしく「経済人」であった。

戦後、資本主義国だけでなく、社会主義国でも経済体制は続いた。さらに、資本主義国では社会主義的な資本主義（社会主義国では、資本主義的な社会主義）や年金基金資本主義と呼ばれるような体制変容もみられた。

それでも経済が第一で、社会は二番目だった。むろん、その時代はそれが正解であった。しかし、二〇〇〇年以降は「社会」を中心にせざるをえなくなってきた。

最大の理由は超少子高齢化で、ピラミッド型の年齢人口構成の崩壊、生産年齢人口の急激な減少が眼前に迫ってきたからである。もちろん、社会が中心になるといっても経済をおろそかにするという意味ではない。社会の安定と充実した機能があって、経済も潤うということである。

一方で経済のほうは昔のようにうまくいかなくなった。一九九〇年代半ば以降の日本経済においては、人々には実感できる好景気はなくなっていたことからもわかるだろう。

経済の発展というものは好況、不況を繰り返して実ることはみな十分に理解している。好景気の恩恵も大企業が受けてから、その後に中小企業や庶民が享受するという順番もわかっている。東京の次に地方に波及するという順番も乱すつもりはない。

しかし、その波及効果は昔みたいに川上から川下へと流れなくなった。いつのまにか、景気サイクルというものが実感としては完全に崩壊してしまったのである。経済の循環系統は機能していたとしても、循環するはずの血液は滞留し、濁った状態のままになった。少し順調に流れ出しても、もはや細部の血管にまで届かなくなった。これが今の日本の現状であり、人々にとって死活問題ともなる。

現在の社会の仕組みにおいては、経済の成長発展に力を入れても、人々は恩恵を受けないということを知るに至った。周りにモノやカネが溢れていても、自身の日々の生活水準や月々の給料は上がらない。反対に年を追うごとに支払う税金は増えていく。

将来においては、受け取る年金の約束不履行、収入減少の予感、四〇歳でのリストラ、学校を卒業して入社した優良企業が二〇年後も存続しているかどうかわからない。家庭に費やされるお金は日ごとに増し、親の介護などの生活不安が重くのしかかる。

二〇〇〇年代後半の日本においては、改革政党の野党が政権の座についても、経済や生活はよくならなかった。それどころか悲惨な時代になった。株価は下落のしっぱなしで、労働最低賃金は低水準を保ち、完全失業率は高水準を維持した。

現代の魔物と呼ばれるものたちが、そこらじゅうで蠢いている。むろん、悪魔祓いをしても到底払拭されないことは理性的には充分にわかっている。

しかし、人々は生活、人生を苦しめる「悪魔」を退治するため、大昔なら魔術師や救世主の出現、前時代では偉大な宗教家や全能な指導者の降臨、現在では強権で有能なリーダーや刺激を与えてくれて希望ある未来を提示してくれる革新者の来訪を求める。

政治の世界では、革新者や改革者はたびたび登場してきた。最後のものとしては、二〇〇〇年代後半に入り、野党・民主党が政権を奪取したが、その改革は失敗に終わった。そのような中、新たな革新政党として登場してきたのが維新の会である。

しかし、その革命・革新政党も次代の社会を形づくるものではない。そこにあるのは破壊行為、永遠に続く「敵」の設定、口汚く罵る攻撃と夥しい否定である。

私は、この維新の会について、表面的な現象の説明と解釈に満足している一般的な解釈や説明を受け入れるわけにはいかない。「維新の勢いは風だ」「維新はただのブームだ」と現状を正しく認識しない意見も少なくない。なかには、何の根拠もなく、「維新の勢いはいつかは終わる」「吉村洋文と松井一郎がいなくなれば、維新は衰える」という希望的観測にしがみついているだけの場合もある。

旧秩序の支持者たちが陥っているこの自己欺瞞的な考えは、彼ら自身を肯定するよりも、むしろ維新側にとって助けとなっている。

したがって私は、維新の会の本質である維新主義運動について、意味のある的確な解釈と説明が必要であると考えた。

政治の世界と社会に偶然や奇跡は存在しない。政治と社会の動きには必ず何らかの原因が存在する。社会の基盤を脅かす革命もまた、社会の基盤における基本的な変化に起因しているはずである。人間の本性、社会の特性、および一人ひとりの人間の社会における位置と役割についての認識の変化に起因しているはずである。[*1]

ドラッカーが残したこの言葉を忘れずに、私は維新の会について正しい解釈と説明を示すことに努めようと思う。

維新議員の発言の本質

維新主義運動について解釈を求めるにあたって、まずは維新の会所属議員の発言、考え方について考察してみる。

彼らの発言や考えは、とっぴなものや埒外のものとして怒りを覚えたり、あるいは反対に一笑に付したりするだけといった程度のものかもしれない。また、たとえそういった発言をしたとしても、当人たちが変わり者、浅はかな人間であり、現代の平和な日本においてさしたる影響にはならないと思われるかもしれない。

しかし、このような見立ては間違っている。大いに間違っている。これらのことは個人の資質だけの問題に帰することはできない。また、彼・彼女らだけの問題でもない。私は単にその醜態について責めるつもりもない。過誤してならないのは、そこに維新の隠された信条、認めるわけにはいかない維新の信条があるからである。

彼らが国会議員の場合は、比較的有名であるがゆえにマスコミに取り上げられ、その存在が際立つ。しかし、目には映らないがこういった程度の議員はほかにも当然に存在する。

そして重要なことは、それら議員に限らず我々も程度の差こそあれ、同じような考えをもっている可能性があるということである。

この信条とは、維新の掲げる信条の一つ「決められない政治を打破する」に通じるものである。一つ例を挙げるとすれば、当時維新の会所属議員であった丸山穂高の「北方領土問題戦争発言」がそれを現している。長年、北方領土問題の解決がなく、四島返還を実現するには、話し合いでは無理なことは実証されている。だから戦争するしかないとする。

これは極めて短絡的な思考であり、そこに人命の犠牲や人心の荒廃、場合によっては領土がさらに侵されることや賠償金支払いの想像力はない。仮にあったとしてもそれは他人事であり、当事者意識の大いなる欠如を露呈している。この場合の問題の本質は第四章で詳しく述べることにする。

繰り返し断っておくが、彼らの悪口をいうことが目的ではない。維新議員はクオリティが低いとか、資質に問題があるといわれたりする。彼らの言動、行動は愚かなことであり、維新に対する嫌悪はこれだけでも充分であろう。しかし私は、そのような外形の問題を見ているのではない。中身を見る。なぜなら、そこに維新の本質が隠れているからである。

維新の信条の一例を挙げると次の通りである。

●「敵」の設定を永遠に続ける。否応なく続けなければならない。

●そしてそれらを攻撃する。

●決められない政治として民主主義を否定する。

これらの信条は全体主義的なものであるがゆえに発生することであるが、もう一つの理由として、疑似的な戦争・戦闘状態をつくり出さなければならないために、くだんの信条が必定となるからである。

なぜ、疑似的な戦争・戦闘状態を作り出さなければならないかといえば、自らの存在意義を確保するためであり、存在感や影響力、求心力を増大させるために必要だからである。悪魔の化身である「敵」と闘っている絵図が必要である。その成長戦略は覇権を唱え、戦い続けることにしかない。

世界的にはヒトラーやナポレオンと同じく領土拡大による支持率の向上と革命を行うことによる民衆の社会参加を促す。そして民衆に対して、一時的ではあるが社会における位置と役割を提供することに成功している。

我々（維新）は明日の未来をつくる戦いをしている。タブーを破る戦いをしている。絶対・優越の行為をしている。これらの〝維新〟への支援・応援に参加できていることで、社会をより良くするための政治活動を担っていると、人々の自尊心を刺激する。

だが、先にも述べたように、この戦略には戦いを行い続けることが必要条件となる。ゆえに敵を無理矢理にでも設定し続け、戦い続け、破壊行為を続けなければならないことになる。

これは全体主義、正確には全体主義運動の症状の一つである。そのような行為に未来を託すわけにはいかない。

そこで私は、ドラッカーの『「経済人」の終わり』を応用し発展させ、今日の困難な問題を打破したいと考える。しかし、『「経済人」の終わり』をご存じの方は理解していると思うが、具体的な処方箋などは見つかっていない。次著『産業人の未来』で現れることになるが、まずは現状をつぶさに観察することから始めることにする。

また、第二次世界大戦をはじめとした当時の状況と、今日の平和を享受できている日本、また国ではなく、主に大阪という一地方で起こっていることを同等に論じることはできない。「戦争」「真の全体主義」という状態は現代の日本はもちろん大阪にもない。当時でいう「絶望」や「貧困」でさえ、その意味は今日的なものと大きく異なる。

だが、現代の社会、また大阪・日本で行われている現象に当てはめることはできると考える。私なりの考えに触れていただくために、拙著を上梓した次第である。

＊1　P・F・ドラッカー著・上田惇生訳『「経済人」の終わり』p. ivより引用（2018年第6刷、ダイヤモンド社刊）

第一章 全体主義というもの

そもそも全体主義とは、そのときの社会経済、そのときのリベラリズム、そのときの道具と結びつくため、画一的にそのあり方が決まっているものではない。しかしながら、その構成要素の一つに、「全体の利益のためには、個の自由・利益を排除・抑制する」というものがある。本章において全体主義というものに触れるとともに、維新主義運動とは何かを紐解くことからはじめる。

維新主義運動とは

二〇一三年、大阪府議会では、大阪南部に位置する泉北高速鉄道を運営する大阪府都市開発株式会社の株式を、外資の投資ファンドへ売却する事案があった。当該利用者にとって、鉄道インフラは生活するうえで欠くことのできないものである。そのような中、外資への売却条件は、周辺住民の利用者にとっては不利益を被るものであった。

公募の結果内容は、ローンスター七八一億円、次点の南海電鉄は七二〇億円の提示であったが、運賃の乗り継ぎ割引額はローンスター一〇円に対して、南海電鉄は八〇円であった。利用者にとっては、金銭的にも信用的にも満足があるのは後者であった。もちろん、部分利益ではなく、大阪府全体の金銭的利益のみを考えれば、六一億円のプラスがあるローンスターが選択される。

沿線地域等の利用者の利益を考えれば南海電鉄に売却すべきであったが、維新は議会過半数の力をもってして、ローンスターに売却しようとした。だが、維新内部からの地元選出議員らの造反に遭い、議会で否決された。

この件については、直接害を被る沿線住民や、周辺の大学等からも非難が続出していた。また、投資目的で転売される恐れがある外資系ファンドへの不信もあった。他のものならともかく、日常生活の足となるインフラは安心できるものでなければならない。この力に押され大阪府は、南海電鉄に随意契約で株を七五〇億円で売却することを提案した。

先の議会で造反した維新議員四人は、いずれも除名された。全体利益ではなく個別利益を求めたからである。全体利益の前では、個別利益は「悪」のように仕立てられる。我田引水のようにも捉えられる。当然のことだが、党議拘束を破れば、除名される。いかなる場合でも除名されたくなければ、思考を停止させて従うしかない。

また、維新所属の議員は一様に没個性化する。そうならざるをえない。

なぜ没個性化するかというと、勢力拡大のもと、とにかく候補者を擁立（用意）するために人の確保が優先される。人材の資質・能力は二の次になる。ゆえに、維新に対する忠誠はあっても、ほかには考えや意見がない者も集まって来るので、そもそもが没個性化している。

逆にこれらの新人議員にとっても、そもそも具体的な政策や明確な目標をもっていないので、政党から与えられるほうが都合がよい。一方、古参やベテラン議員の方も、個人の主張は鳴りを潜め、あえて没個性化する。没個性・均一化するということは、維新全体のラベル、ブランドをまとうことになり、そのほうが選挙で勝てるからである。独自の主張や名前を前面に出すよりも、維新の名前と政策を打ち出す方が、当選するからである。もはやそれは経験則として鉄板の域に達している。実例としてのエビデンスが豊富にある。

このようなことを述べると、「いや、そんなことはない。例えば、都構想への関心が低くなった時期においても、隠すことなく選挙公約として、前面に打ち出すべきであると訴えた人もいる」といった反論や「所属議員による不祥事の多さや質の低さに苦言を呈している人間もいる」と主張されよう。

確かにそうかもしれない。しかし、それだけなのである。問題として改善されることはない。なぜ、このような状態になるのか。それは、維新の各議員は「選挙での公認を得ることが必定」となるため、ほぼ全員が背くことがない。反対の意思を示すことがない。反対すれば、公認が得られないからである。そのため、維新指導者は自在に構成員を利用することが可能となる。

自由の奪われ方

基本的に全体主義における自由の喪失は、自発的に行われるものである。維新が、例えば人々の日常の自由を強制的に奪おうとしているのではない。しかしながら、全体の利益のために行動すれば個人の自由は奪われることになるし、行政の長を権力者とするならば、人々はいずれ自由を奪われることになる。

事実、新型コロナウイルスの影響による休業要請では、応じない事業者のさらし行為につながった。同時に、「抗しがたい理由」「絶対的なもの・優越するもの」をもってすることから、秘密警察ならぬ自粛警察が暗躍することになる。

また、首長の施策事業実行命令が部下の知らないところで発生するという、他を介して内容を聞く方式の発令がある。自身の党組織だけでなく、他の組織に対しても同じ方式がとられる。前者も後者も、抗しがたい理由をもってされるため、反論ができにくいという不自由さが発生する。

先に述べたが、内部の党組織について従わない人間がいれば、次回の選挙での公認を与えないような措置を取る。維新公認というブランド力によって選挙に勝つことができる人間が大半であることから、党の方針に対して全員が従う。

維新の公認の力だけでなく、自分自身に力があると豪語する議員（勘違いをしている人間も含めて）も同じである。どれほど威勢のよいことをいっても最終的には決定に従う。なぜなら、自分に公認を留めておかなければ、別の公認候補者を刺客として立てられてしまうからである。

大阪から遠く離れた人間には理解不能かもしれないが、維新というネームバリューは絶大で、昨日今日選挙区にやってきたど素人に簡単に負けてしまうというのが実際なのである。

自民党の場合は、自分党と揶揄されるくらい各々が自由にその範囲の中で政策や行動をとっているが、維新ではそれぞれが自分の個性を出すのではなく、没個性化することが求められる。見返りとして維新公認が付与されるので、選挙では楽に当選することができる。議員の地位が付与される。従った者には議員としての社会的地位と役割を与えることにしている。

組織外部の有権者について

維新を支持する有権者は、「維新に任しておけば、よりよき世界へ導いてくれる」と考えている。こういうと、「否、そんなことはない。維新がしっかり実績をつくったから支持されるのだ」と主張されよう。

もちろん、スタートアップはそうであった。橋下徹・維新の会が行ってきた実績というものは確かにあるし、並大抵の人間が行えるものではない。筆者はそれを全否定するものではない。しかし、当初から内包していたものではあるが、今日では全体主義的な運動になって久しい。

一方、一般の人々にとっても、自分たちがやっと信じることができた政治、維新というものが嘘や偽りであっては困るという状態に陥っている。維新が提供する目の前の果実や希望がイメージや蜃気楼で終わっては困るのである。

ここで注意を払わなければならない点がある。それは、維新が困るのではなく、維新を支持するその人自身が困るのである。したがって、目の前の果実・希望がイメージだけだとしても、それが実物に変化するまで信じる。信じ込む。信じなければ「失望」あるいは「停滞感らしきもの」が待っているだけだからである。

このことにより重大な問題が発生することになる。それは維新議員の度重なる不祥事・犯罪が発生しても支持率が下がらない現象が起こることになる。

維新への支持率が下がらない原因の一つはここにある。維新議員がいくら悪事を働いても、今回は維新へ投票するのは止めておこうとはならないのである。

維新議員の不祥事が露見しても、何ら政局や選挙に影響が出ない。騒ぐのは主に反維新陣営だけである。もちろん、中立的な立場の人や無党派層、当の維新陣営からも不快感が示される。

ほとんどの場合、こういった政治家の不祥事が起こると、熱烈な支持者はともかく、普通の支持者や民意はすぐに離れるが、維新の場合はそうならない。維新議員の不祥事の内容が極めてひどく、悪質であっても、何ら支持率に影響を及ぼさない。選挙・投票日間近の時期であっても、さして、あるいはまったく影響はない。これは事実である。過去の選挙結果がそれを物語っている。

こういった投票行動の説明として、通説では、「維新以外の投票先がないからだ」とか、「消去法的選択によっている」とされるが、この説は説得力をもたない。特に消去法的選択なら、次回はともかく、不祥事を起こしたばかりの選挙では、維新の会やその候補者ではなく他者に投票されるか、白票が多くなるはずである。棄権も多くなるだろう。

しかしそうはならない。何をやらかしても維新は集票できる。維新が強いといわれる所以だが、なぜ、維新に投票されるのであろうか？　その答えを後述する。

ドラッカーによれば、全体主義を構成する要素の一つに、「自由がない」ことと「指示、教義に従う」ことが挙げられている。これだけを聞けばまるで専制君主による強制的な支配のように聞こえるがそうではない。では「自由がない」ということはどういうことであろうか。

ご承知の通り自由には様々な定義があるが、ここでいう自由とは、何かから解放される自由、許可証や免罪符をいうのではない。人間が本来もっている「選択できる自由」のことである。住む場所、結婚する相手、就く職業など、衣食住にはじまり、生活や人生のあらゆることが、何物にも縛られることなく、自分の意思で選ぶことができる権利のことである。そしてそれには当然責任も伴う。自由とは「責任ある選択」に他ならない。[*1]

しかし、その自由を放棄してしまう場合がある。それは自ら責任を取りたくない場合や選択する判断力の欠如、あるいは面倒なことから逃れるために誰かに決めてもらいたい場合などである。そこへ指示、教義、考え、社会政策等といったものが絶対的なもの、あるいはほかよりも優越するものであると、それ以外は間違っていることになり、ほかの選択肢は無用なものとなる。つまり、そもそも選択する必要がなく（選択する自由はなく）、当然にその正しい考えに従うことになる。

加えて、**次のことが一番重大な意味をもつ。**

その考えが、絶対・優越であれば、意見の異なる他者を批判することができるようになる。攻撃できる。なぜなら当方の考えが真理（絶対的なもの。もしくは真理に近い、他を優越するもの）であることから、他者は間違っていることになり、安心して批判・罵倒できる。強制的に説得もできる。そのような行いをして、真理に導くことが「善」になるからである。[*2]

右記は三戸公《みとただし》著『ドラッカー』の引用を基にした文章であるが、ここに書かれた内容が「維新主義運動」の問題点を示唆するための重要な意味をもつ。

つまり、「絶対・優越なるもの」に付随する周辺のものが、いくら悪事を重ねても、絶対・優越的な本筋とは関係がないということである。周りのものが不祥事を起こそうが、怠けていようが、罪を犯そうが、本筋が「絶対・優越なるもの」である以上、影響は受けない。

考えが絶対・優越のものであれば、それを支持できる。そして他を否応なく否定できる。罵ることもできるようになる。これも全体主義がもつ症状の一つである。

全体主義とは

ここで全体主義について説明しておかなければならない。

一般的に全体主義とは、二〇世紀に入って現れてきた言葉であり、その例として第一次と第二次両世界大戦間に登場したイタリアのファシズム、ドイツのナチズム、旧ソ連のスターリニズムなどが挙げられる。しかしながら、真の全体主義ということであれば、後二者になるといわれている。

全体主義といえば、これら三つのものが有名であり、この三者のみと思われている。学校や教科書でもそのように習っている。ゆえに、我々の全体主義についての概念、定義さらには固定観念なるものは、これら三つのものから成り立っている。しかしながら、ドラッカーの分析に従えば、次のように複数存在している。

過去二〇〇年（一九四二年当時）の西洋の歴史において、あらゆるファシズム全体主義がそれぞれの時代のリベラリズムから発している。ジャン・ジャック・ルソーからヒトラーまでは真っ直ぐに系譜を追うことができる。その線上にはロベスピエール、マルクス、スターリンがいる。[*3]

啓蒙思想は人間の理性が絶対であることを発見した。この発見から、その後のあらゆるリベラルの信条が生まれ、さらにはルソーに始まるあらゆる種類のファシズム全体主義の信条が生まれた。[*4]

言葉としての「全体主義」の誕生については、イタリアのファシズム政権、ナチスのインテリ層らが自らの運動・体制のことを当然ながら王道的に表現したものといわれている。他方で、民主主義陣営からすれば、それとは逆に彼らの体制の異質さを表す言葉として使用されたといわれる。

先にも触れたが、全体主義を構成する要素の一つに、「自由がない」ことと「指示、教義に従う」ことが挙げられている。繰り返すが、このように書くと、宗教でないならば、それは専制であり、強制であり、絶対君主と奴隷の関係に映るかもしれないがそうではない。これらのものとは大きく異なる。

そもそも、全体主義の大前提として理解しておかなければならないのは、「大衆の意思に反して何かをするということはありえない」ということである。民衆の意思・希望が前提となる。

次に、最も理解しておかなければならないことは、全体主義というものは並大抵の抵抗では崩壊しないということである。全体主義が崩壊するときは、これまで絶対的なものであり、ほかを超越するものに代わる新しい信条や信仰が現れたときだけであり、これ以外の筋道でやってくることはない。――これ以外の筋道というのは、いわゆる大阪都構想についての対案だとか、都構想に代わる政策というようなちっぽけなものではない――

まさにこれが全体主義の最大の強みである。代わるものがない限り、民衆の圧倒的多数は、失望のあまり指導者のカリスマ性、判断と姿勢を支持し続けざるをえない。

また、全体主義を理解するには、ハンナ・アレントの大著『全体主義の起源』もおさえておかなければならない。アレントのいう「全体主義」について、政治学者・牧野雅彦教授の言葉を借りて説明すると、次のようになる。

アレントは「全体主義」を「運動」であると捉えていた。それゆえに、特定の体制に収まりきらないところにその本質があるとみなしたのである。

全体主義は「体制」という、それが政治学の意味する体制であれ、資本主義や共産主義の唱える体制であれ、特定の支配原理から生じるオーガナイズの観点からは捉えきれない現象なのである。

ドラッカーとアレントは、それぞれの全体主義について、定義とそれが結晶するまでの過程が当然に異なっているところがある。本書ではドラッカーの「全体主義」の定義を用いるが、両者とも当時のドイツの全体主義、旧ソ連の全体主義、ナチズムとスターリニズムを同列に扱っているのは見逃せない。また、イタリアのファシズムを真の全体主義としていないところも共通している。

そして、全体主義は、そのイデオロギー、経済体制が異なっていても、どのような政治・社会でも発現する可能性がある。先に紹介した『全体主義の起源』の第三部「全体主義」には、「全体主義は大衆が存在する社会においては容易に発生する」と書かれている。大衆とは、政治に無関心で、共通の利益をもたない人々のことであり、大衆もまたあらゆる国で存在する。

こうした人々が何らかの公的な利害で行動しなくなった結果、全体主義運動に集うことになるという。ゆえに、人と人とのつながりの崩壊が全体主義の起源（機序）であるとも述べられている。

全体主義の特質は、バラバラな個人である大衆を組織化したところにある。その結束する装置が「ストーリー」であり、そこには、「抗しがたいもの」を組み入れる必要がある。

終えられない運動

全体主義とは「全体主義運動」であることから、止まることは全体主義の終わりを意味する。後述するが、ゆえに維新の会が、東京で発生した都民ファーストの会や名古屋の河村市長率いる減税日本と違うところである。

結束装置としての「ストーリー」は崩れないようにしなければならない。そこで用いるのが〝敵〟であり、敵をつくり出すことが一連のムーブメントにおいて非常に重要になる。全体主義が内包する「終えられない運動」は敵をつくってはつぶし、新たな敵をつくってはつぶしていく、この繰り返しである。

ドイツで起こった全体主義も、ブルジョアを破壊することだけを目指したのであれば、全体主義は一つの過ちを犯した後に、正常な生活と統治のルールに復帰することができた。

しかし、歴史を見ればわかるようにそうはならなかったのである。当初の主義主張に決定された運動の敵がなくなってからも何かにつけて理由をさがし、変化した状況に応じて新たな敵が発見される。

敵をつくり続け、つぶし続けること。これが全体主義の統治方法となる。このような「終えられない運動」としての全体主義について、ドラッカーも同様のことを多々指摘している。

その一つに、ナチスは初めから、ユダヤ人の大量虐殺を目的にしていたのではないという指摘がある。そもそも、本当の敵はユダヤ人ではなくブルジョア秩序であった。ナチズムの反ユダヤ主義は、ブルジョア階級の秩序や人間観に代えるべき肯定の概念を構築できなかったことに起因するという。悪魔の化身と設定された物語によってユダヤ人を敵とみなすようになる。

最初はユダヤ人に対し少数民族としての権利を与えることを決定し、それを発表した。次いで、文化活動からは排除するが、経済活動については平等な権利を与えることを決定し、発表した。さらには、退役軍人だけには、完全な平等を与えることを決定し、発表した。

待遇だけでなく、血統についても同じである。ユダヤ人の定義を、初めは純粋なユダヤ人のみを対象とした。次に、二分の一ユダヤ人、四分の一ユダヤ人となり、最後に非アーリア人となった。止めることができない。ゆえに「最終解決」に向かうことになったという。

全体主義ではないが、改革者や改革政党、独裁者などと称されて、時の話題になり近年日本で登場してきたものがある。小泉内閣、民主党政権、名古屋の減税日本、大阪の維新の会、東京の都民ファーストの会がそれらである。

これらを改革者として一括りにされる場合がある。確かに改革の前に立ちはだかる「敵」は存在した。だが、絶えず「敵」が存在するとした場合には、「偽りの敵」や「化身としての敵」「嘘」を用意せざるをえない。そして絶えず「敵」を設定し続けているのは維新だけである。続けている理由は、単にパフォーマンスや話題づくりのためと認識されているが、それは正確な見方ではない。続けている理由は全体主義運動のような内部力学によるのである。

二〇二〇年一一月の住民投票で決着がついた、いわゆる大阪都構想の住民投票は「勝つまでじゃんけん」といわれる。勝つまでやるのである。走り続けざるをえないのである。運動を止めれば生命が絶たれる。

一度、二〇一五年の住民投票で否決されても、正当と思われる理由を引っ張り出してきて、再度、都構想の住民投票にベクトルを向かわす。自ら提唱した「ストーリー」を終わらせるわけにはいかない。

橋下徹が「住民投票は一回きり」と約束したにもかかわらず、理屈をつけて即時に二回目に向けて実行するのがその証左である。そして、現実には反対多数となった二回目の住民投票で、仮に都構想が賛成多数となり、大阪市が解体された場合でも、もちろん、それで終わりではない。

走り続けなければならないので、次に走るトラックコースと競技が必要になる。次の競技名はさしずめ、当初の目的だったグレーター大阪になろう。これは、守口市や門真市など大阪市の周辺の市を特別区に組み込む構想である。当初目的というよりか、維新のもつ組織内部力学・理論により「走り続けなければならない」ことにより、必ず周辺市への取り組みが開始されることになる。

二重行政にしても同じである。確かに無駄な二重行政もあったが、無駄ではない二重行政もある。だが、その二重行政の解消行為を止めることはできない。最後の最後まで走り続けることになり、住吉市民病院廃止の問題や大阪府立公衆衛生研究所と大阪市立環境科学研究所の統合といった「無理矢理に設定した二重行政」の解消にも突き進まなければならなくなった。

そのために犠牲者が出た。いわば二重行政の最終解決である。**ここにも全体主義運動である一端が端的に示されている**。

断言をしておくが、維新が「ならば、これからは冷静に判断して、必要な改革が終わったらそれで終了する」ということには決してならない。最終解決に向かうまで止まることができないのが全体主義運動である。運動し続けることが体制となっているからである。

そして、第八章で論じるが、森夏枝衆議院議員の「サイバー先制攻撃についての国会質疑」や丸山穂高衆議院議員の「北方領土戦争発言」などを、「そんなバカなことは起こさないし、誰も支持するはずがない」と一笑に付すことができない理由がここにある。全体主義運動はこれらのことにまで突き進む可能性が十分にある。

たいていの人は、「そんなバカげたことなど実現するはずはない」と考えるだろう。しかし、あらゆる分野に敵を設定し続け、タブーとされているものや聖域（神聖なるもの・権威なるもの・伝統なるもの）に無理からに切り込んでいく〝英雄〟の姿を人々が見たとき、世の中の不条理、矛盾を解消するためだとして、時のリベラリズムに乗った民衆の後押しがあれば実現される可能性はある。

そういう意味において、維新議員の発言はバカにできないのである。捨て置けないのである。

現代の我々は、ヒトラーとナチスは大戦争を引き起こした大罪人であり、多くのユダヤ人を虐殺した狂気の大悪人であることを知っている。しかしそれは、後世から見ればわかることでもある。

こんな話がある。ヒトラーが政権を奪取する少し前に、来るべきナチズム国家について描いていたペーパーが不用意に世に出たことがあった。それは党の綱領やヒトラーの演説や著作に忠実に従うものだった。その内容はナチス党内でさえ物笑いの種になるほど、突拍子もないものだった。よほど無知な馬鹿でないかぎり、それらの公約がそのまま実現すると思っている者はいるはずがないといわれたほどである。「そのような世の中になることはありえないし、なることに耐えられない」――それがナチズムのために命を捧げることを誓った党員たちの大多数の意見だった。

同じように、驚くべきこととして、ナチス党員のほとんどが反ユダヤ主義を真面目に受け取っていなかったというのである。「選挙向けのスローガンにすぎない」というのが、彼らの説明だった。

しかし、流出したペーパーの内容を精査すると、後の時代の人間ならば、そこに書かれた内容が正確に歴史を反映していることに気がつくし、ナチズムの教義を突き詰めれば他に結論が出しようもないほどの未来予想図だったのである。

また、ヒトラーの外交政策が長期的には戦争を意味せざるをえないことは誰の目にも明らかであったにもかかわらず、ナチスのほとんど全党員が、平和を望むヒトラーの宣言を信じているというものもあった。

翻って、維新の会を解釈する。維新主義運動は、敵をつくり続けなければならない内部理論と力学が秘められている。そのためには嘘をつかなければならなくなるし、印象操作をしなければならなくなる。だから、蜃気楼となる。幻に終わる。

私はふと思うことがある。まるで維新の会が『「経済人」の終わり』や『全体主義の起源』を精読し、あたかもそれを実践しているのではないかと。

目的完遂のためなら、嘘でもかまわない。大阪都構想による経済効果がその一つであり、数々の識者やジャーナリストが経済効果ではなく歳出削減効果と指摘している。嘉悦学園に委託したいわゆる都構想の経済効果を調査した報告書には、あまりにも多い虚偽誤りの金額記載等が発覚している。

もちろん、選挙でのチラシ記述の虚偽もある。倫理・政治モラル観といったものを大きく逸脱している。しかしながら、有権者にはもはや、あるいはそもそもそのような観念はなく、人々の感覚からして違法・不当なものとは感じなくなっている。ここにも問題が隠されている。現時代のモラル、倫理、民主主義観の崩壊である。

全体主義陣営は人々を導くために、世界観が崩れないようにする必要がある。そのために嘘をつくことになるとアレントはいう。

大阪都構想を例にとると、歳出削減効果を経済効果と印象づける。大阪都構想により大阪市はなくならない。なくなるのは大阪市役所だとすり替える。無理矢理の二重行政をでっちあげる。

維新主義運動は運動であるため、走り続けなければならない理由がほかにも見ることもできる。また「敵との対決」をつくり続けるために、「敵」との融合もありえない。

維新の会は自民党に似ているとする誤った認識

維新はその表層的な信条とイデオロギーから、自民党に似ているとされる。大阪においては、維新こそが自民党であるとか、維新は自民党の別動隊という人がいる。

これは大変誤った見方である。維新は自民党と親和性はない。まったくの別物である。実はこのことを、当事者である維新の会、自民党双方の人間とも理解していない。

おそらくは、そもそもの維新の成り立ちが自民党大阪府議団の一部から誕生したことからくる発想であろうが、維新はもちろん保守でもないし、リベラル（いわゆる日本でいうところのリベラル）でもない。確実にいえることは、枠外からきている革新政党である。

また、自民党内から誕生したことから、ともすれば自民党と将来的には合流する・融合する可能性があるなどとの見解があるが、これもありえない。たとえ、維新が自民党を吸収する形をとってもありえない。

なぜなら、「敵」を消滅させてしまうからである。「敵」をわざわざ消滅させることは、自分たちの存在意義も消してしまうことになる。そのような自殺行為をするわけにはいかない。だからこそ、自民党と一緒になることはない。なるとすれば、全国で維新の革命成就のファンファーレが鳴ったときである。

＊1　三戸公著『ドラッカー』（1974年、未来社刊）p.28より引用した文章を基に作成
＊2　同著p.29より引用した文章を基に作成
＊3　P・F・ドラッカー著・上田惇生訳『産業人の未来』p.180より引用（2008年、ダイヤモンド社刊）
＊4　同著p.181より引用

第二章 反維新陣営の幻想

本章は、『「経済人」の終わり』第一章の「反ファシズム陣営の幻想」を土台として私の考えを述べていくこととする。なぜ「反ファシズム陣営の幻想」をなぞるように本章を展開していくか、理由は二つある。

一つは、その内容が大阪で起きている今日の現象と同じ様相を呈しており、理解しやすいからである。もう一つは、今後の課題解決に向けて、問題の本質を見失わないためである。

四つの謬説

序章の冒頭でも触れたように、維新主義運動の脅威に対する我々の闘いは実を結んでいない。その原因は、我々が実は何と闘っているかを知らないからである。我々は維新主義運動が引き起こす様態は知っているが、その原因と意味を知らない。維新主義運動と闘う反維新陣営はいわば幻影と闘っている。

この無知が原因となって、民主主義サイドの中に、「維新主義運動の過激さや勢いは一過性のものに過ぎない」との見方が生まれ、さらには維新の会そのものも永続しないとの錯覚が生まれた。

ここでいう「民主主義サイド」とは、多様な意見や考えをまとめる団体や政党のことである。民主主義とは手間暇がかかり、多様な意見を調整するため誰もが満足な結果を得られるとは限らない。そのために「決められない政治」といわれたりする。

この維新主義運動と反維新陣営の無知と錯覚の両者が相まって、民主主義勢力を弱体化させている。したがって、現状を正確に理解するためには、維新主義運動の原因の分析こそ緊急の課題である。維新主義運動を理性的に理解することこそが、維新主義運動の全国への拡大を防ぐ闘いに勝つための唯一の基盤である。

維新主義運動を理解するために、まず民主主義サイドが錯覚している「幻影」について考察してみる。この「幻影」の主だったところは次の四つにまとめられる。

(一)　維新主義運動は、人間のもつ原初的な野蛮性と攻撃性の悪質な発現である

(二)　維新主義運動は、無知な民衆の本能に対する巧妙かつ徹底したプロパガンダとポピュリズムの結果である

(三)　維新の勢力は大阪とその周辺でしか通用しないである

(四)　維新は「風」や「ブーム」であり、一過性のものである。維新は自民党の生まれ変わりである

これら四つの説は、維新主義運動の性格と原因の説明として、無意味でありしかも間違っている。順に解説していく。

（一）革命の野蛮性

確かに維新主義運動は、過激な発言と本能的な野蛮性に特徴があり、反対者や他党を罵り、攻撃する。このように書くと、自民党や他党も不適切な発言をしているではないかとの指摘がこよう。しかしながら、その意味する内容がまったく違う。維新のそれには「好戦性と罵倒」がある。

しかし、この説は何も説明していない。野蛮性と攻撃性それ自体は、維新主義運動が革命的行為・革命政党であることを示す症状の一つであるにすぎない。現代の日本において、既存の国政政党の中で真の革命政党は存在しないのでわかりにくいが、諸外国や歴史上で見ると、革命政党はその大小を問わず、野蛮性と攻撃性、さらには残虐性が備わっている。事実、日本の右派系・左派系団体の中には野蛮性を含んでいるものもある。

革命政党には野蛮性がある。しかし、現代の日本において既存の国政政党の野党がこの性質をもち合わせているかというと否である。逆に維新だけが、口汚く罵り、攻撃する（当然問題発言が多くなる）ことが、維新が今までと違う勢力であることを裏づけている。枠外から攻撃している証左である。

我々は口汚く罵る人間を、単なる稚拙な人格として片づけてはならない。本質を見極めなければならない。

（二）プロパガンダとポピュリズム説

維新主義運動についての説明のうち、最も危険でかつ最も愚かなものである。「そもそも民衆がプロパガンダとポピュリズムに毒されやすいことが維新主義運動蔓延の原因である」とする近視眼的な自己欺瞞のような考えこそが、維新主義運動の根拠となるからである。

維新主義運動との闘いは、民主（独裁的なものではないこと）、尊厳（一例として透析患者、障がい者等を守ること）、平和（丸山議員や森議員の発言等が実現しないこと）のための闘いである。

プロパガンダと維新の扇動型ポピュリズムによって、民衆がそれらの権利を放棄させられうる存在であることを認めることは、**現状の民主主義等に根拠がないことを意味する。**

学者たちは、大衆心理に関する研究結果から「民衆は最終的には有能なセールスマンの意のままになるものである」と宣託する。要は、大衆が全裸で歩いていないのは、単にそう扇動する者が現れていないからにすぎないとうそぶくのである。

しかし、プロパガンダが改宗させることができるのは、一足先にその内容を信じるにいたっている者だけである。プロパガンダが関心を引くのは、すでにそのためのニーズをもっている者だけである。あるいは、取り除くべき恐怖、例えば失業や生活不安をもっている者だけである。

つまり、**プロパガンダの成功は症状の存在を示すにすぎない。**プロパガンダは原因とはなりえない。同じように、逆のプロパガンダも症状の治癒にはつながらない。このことは昔もいまも変わらない歴然とした事実である。

(三) 維新の勢力は大阪とその周辺でしか通用しない

維新が大阪で躍進しているのは、大阪特有の問題を解決することに成功しているからだとか、ひどいものであれば「大阪人特有の気質、上方の土壌」とかいうものがある。

その根拠として、大阪では驚異的な力を発揮するが、他都道府県においてはそうではない。せいぜい大阪周辺の関西でしか通用しないという考えがある。これは、過去の選挙結果がそのように示していることと安直な大阪人気質の定義からくる考え方であろうが、これも危険な間違いである。

維新が大阪およびその周辺以外で勢力が伸びない理由は簡単に説明がつく。それは、「敵の設定」と「戦闘行為」の構築ができていない、ただそれだけである。

このように書くと、他都道府県や他の地域は大阪ほどひどくないから、つぶすべき「敵」は存在しないだとか、存在したとしても、それに対する攻撃材料は豊富にないだとか、「仮想敵」が設定できるほど当自治体はひどい状態ではないからだ、という意見をいわれるだろう。

また、大阪は他と異なり、治安、教育水準等がひどい地域だから仮想敵どころか、本物の敵や悪魔がいる。だから大阪と他都道府県・地域はその惨憺たる条件において異なっているというような意見も聞かれそうだ。

あるいは、大阪は過去の市職員の不祥事や街頭犯罪率の高さなど、ほとんどのランキングでワースト一位という汚染された土壌があるから他の自治体とは違うという反論もあるかもしれない。そして、そのために維新が生まれ、維新が勝てているとされる。

しかし、大阪だけが特異なわけではない。事実、二〇一六年七月の東京都知事選では、小池百合子候補が築地市場から豊洲市場への移転に待ったをかけた問題、東京オリンピックの問題（東京五輪予算や会場の見直し）を抵抗勢力と戦うための争点として作り上げた。

また、東京都議会のドンと呼ばれていた内田茂をメディアに引きずり出し、その発言と様相も相まってか「悪者」として設定することに成功している。二〇一七年七月の東京都議会選挙では、小池率いる都民ファーストの会は五〇人を擁立し四九人が当選するという離れ業を見せた。もちろん新人・議員未経験の人間を多く抱えてのことである。

名古屋においては、大阪同様に、悪い内容の統計や資料はいくらでも引用でき、「敵」や「それに挑む戦闘行為」は作り出すことができる。

また、これらのことは、無党派層や非政治層・反政治層がいる都市部だけが可能だろうと思われるかもしれないが、必ずしもそうではない。地方の小さい一般市でも起こりえる。事実、自ら組織した政党・政治団体を率いてはいないが、ブログを使って差別や誹謗中傷を繰り返した鹿児島県阿久根市の竹原信一元市長の実例が物語っている。

（四）維新の躍進は一過性／維新は自民党の生まれ変わり

二〇二〇年現在においては、前者の説についてはもはや誤っていることが広く認識されるようになった。単純な答えとして、「風」や「ブーム」で一〇年も続くわけがない。

維新の会は地方選挙で圧倒的な強さを誇り、国政選挙でもその力は侮れない。しかし、単に選挙結果だけをみて、思考を停止させてはならない。ここからはさらにその先、維新が「風やブーム、一過性ではない」のはなぜなのかを考えなければならない。

ただ、これも答えは出ている。そもそも「維新」という政党は、真の革命・革新政党だからである。

つまり、二〇〇〇年代後半の民主党や従来の改革政党と異なり、枠外から攻撃をしている真の革命・革新政党である。そして、ここで注意しなければならないことだが、それゆえ維新は自民党の生まれ変わりでもないし、自民党と親和性もない。自民党と合併することもない。もし、維新が自民党と合併するときがあれば、自民党を飲み込むときである。それは日本中で革命がなったことを意味する。「日本中で」である。

維新の敵は自民党大阪府連で終わらない。大阪府連を飲み込めば、次は他の自民党組織がターゲットになる。なぜなら、途中で攻撃を止めれば、自分たちが既成政党（従前の自民党みたいな存在）になってしまうからである。その瞬間に中央政権側に成り下がってしまい、支持と存在意義がなくなるからである。「敵」を作ることができなくなるまでやる。つまり全国で覇を唱えるまでやる。というよりやらざるをえない。このことは、当然に地方自治体レベル、地方議会レベルでも同じである。維新は自民党とは一緒の会派（地方議会では党ではなく、会派というグループを結成する）を結成することはできない。維新が主導権を握り会派運営を掌握したとしてもである。なぜか？　それは維新がもつ内部理論から無理になる。一緒になることは「敵」をなくすことになる。市民・支持者からも、なぜ一緒になるのかといぶかられる。維新にとって、自民党は永遠の敵でなければならない。

枠外からの革命

反維新陣営はこれまで述べてきたような謬説をもって維新やその周りの現象を捉えている。維新主義運動がもたらす全状況が、それまでの政治体制や社会体制の枠内における政治勢力図の変化と同じだと認識している。実際、維新がもたらした状況は他のあらゆる革命と同じように、枠外からの革命であるという認識がそもそもない。

反維新陣営は、この現代日本――しかも大阪という一地方においての出来事という認識であることも相まって――がその基本において変化することはありえず、したがって維新主義運動も現在の世界（あるいは政界）のどこかに位置づけられるはずであると考えているのである。

しかし、現実には、非常時や歴史的転換期は全体主義的になるという事実が示すように、維新主義運動もまた、昨日までの基本を変え、既存の世界を破壊しようとする。

これは何も大阪市の破壊や二重行政の破壊だけではない。事実、橋下徹は「戸籍制度廃止」を謳い、国政政党の日本維新の会の公約には「首相公選制」「参議院廃止」「憲法改正の国会議員の発議を三分の二から二分の一へハードルを下げること」が掲げられている。

謳いはじめは、単なる選挙用の公約であったかもしれないが、維新主義運動の内部力学から、これらの政策を放棄することはできない。

ドラッカーは、このような文脈に続き、次のように述べている。

> 戦争が政治の手段であるならば、新たな武器と新たな戦争の概念のもとにおける国民戦争がもたらす社会体制の変化は、社会秩序と政治秩序の革命的な変化を生じざるをえない。

> 革命を革命として認めず、既存の勢力のお色直しにすぎないとする幻想は、常に旧体制が抱こうとするものだった。同じように一六世紀のローマ法皇、一七世紀のイギリス王党派、一八世紀のフランス貴族も、新しい運動を支持する者は少数にすぎず、彼らの勝利も大衆の本能を煽動した結果にすぎないという見方に固執した。そしてまさにこの種の幻想が旧秩序の主たる敗因となっていた。

革命に抗して勝利することのできるのは、革命を革命として認識し、その原因を正しく診断しえたときだけである。

しかるに革命の本当の原因、唯一可能な原因とは、価値観の変化、特に人間の本性と、天地万物および社会における人間の位置という、最も重要な領域における価値観の根本的、根源的変化である。[*1]

新しい諸症状を分析する

ファシズム全体主義と他の革命との違いを理解するためには、ファシズム全体主義に特有の新しい症状を分析する必要があるとドラッカーはいう。したがって、他の革命にも共通する項目についてては、あえて黙殺するほうがよい。

その触れない特徴とは恐怖、弾圧、残虐性、野蛮性などである。しかしながら、現代の我々の世界に置き換えると、維新のみ好戦性が突出している。他の国政・地域政党にはこのような特徴はない。問題発言はあっても、他人や物事に対しての罵倒、挑発行為をするようなものは、維新特有である。

つまり、現代日本の改革政党の中で維新のみがこのような諸症状を出していることに注意を払わなければならない。維新主義運動に特有の新しい症状は次の三つである。

（一）過去を否定する
（二）古い考え方を攻撃するだけでなく、政治と社会の基盤としての権力を否定する
（三）維新主義運動への参加は積極的な信条に代わるものとして維新の約束を信じるためではなく、まさにそれを信じないがゆえに行われる

（二）をわかりやすく説明すると、選挙で選ばれれば、白紙委任であろうとする。決められない民主主義を決めるものにするためには、独裁的であろうとする。知事や市長は代表者ではなく、権力者であろうとする。これらのことが端的に示している。

（三）については、都構想を例に述べると、都構想の経済効果がいくらであろうが、またはそんなものがなかろうが、あるいは維新のいう経済効果というものが実は歳出削減効果であろうが、一向にかまわないのである。

権力が自らを正当化する

維新主義運動による「民主主義」の否定の中でも、特に重要な意味をもつのが政治と社会の基盤としての権力を否定していることである。この権力の正当化ほど維新主義運動が徹底してバカにしているものはない。

このことを端的に示す事実がある。二〇一九年三月一八日に朝日放送「キャスト」で大阪クロ

ス選（知事・市長選）の候補者同士の討論番組があった。

そこで、松井一郎候補が「知事と市長とは権力者である」と発言。知事や市長を「権力の座」とし、「権力を一つにまとめる」と主張した。

首長を権力者と定義したこの発言に対して、相手候補の小西禎一が「知事と市長を権力の座というのは非常に重大な発言」「（知事や市長は権力者ではなく）住民の代表だ」と異議を唱えた。

おそらく、このときの放送を見ていた視聴者の中には、松井の発言内容に驚かれた方もいたと思うが、小西が指摘するような重大な問題発言と捉える人は少ない。この節の最後に述べるが、このことは、ものすごいイノベーションが起こっていることを示している。ここでいうイノベーションとは、技術や経営の革新のことではない。世の中の変化を察知して、今までと異なった物事の新しい捉え方を行い、それが自然に（問題を起こすことなく）社会に受け入れられていることをいう。

これらは松井がインパクトのある発言をもって炎上商法を狙ったものではない。真面目に心の底から思っている発言である。

この松井の発言について、日本国憲法に定められた国民主権の基本原理を理解していないとの批判がある。確かにそうかもしれない。しかし、問題の本質は他にある。

この態度は、松井が日本国憲法を理解していようがいまいが、または意識的か無意識的かどうかは別にして、現状の役に立っていない民主主義をバカにしているのである。決められない民主主義とされる民主主義、現状の民主主義をバカにしているからこそ、なせる思考なのである。国民・市民のためには、議会よりも行政府の意思決定・実行の速さが求められる。そこに立ちふさがるような民主主義的なものは無用であり、邪魔であり、もっといえば害でさえある。

つまり、ここに維新の会が現代の民主主義を軽んじる理由がある。いくら学者・識者やジャーナリストたちが、民主主義の正論（憲法の基本理念である「主権在民」や憲法一五条二、九九条、議会制民主主義）をもち出しても糠に釘である。

事実、松井の発言・姿勢に対して人々からなんら抵抗はない。選挙結果を見ても圧勝に終わっている。権力者や指導者が決めてくれればいいし、その方が正しい「選択」ができると思っている。そして、権力者といっても、今の平和な時代に専制君主的な人間がその座に就くはずがないと思っている。

現代では、重大案件以外の民主主義は無用である。異なる意見の調整（調製）も無用となっている。その調整の意味のなさは第四章で触れるが、二〇〇〇年代後半の民主党政権の失政がそれを最大限に証明してくれた。

確かに、国が非常事態に陥っているときに的外れな国会質疑はいただけない。二〇二〇年初頭の新型コロナウイルス感染症対策や予算審議など国が非常事態に陥っているときに、明後日の方向をむいて質問・質疑する野党議員などを見れば、何を考えているのかと思うだろう。

しかしそれは、主観的な判断によらざるをえないかもしれないが、民主主義が「邪魔」なのではなく、質疑の内容による。新型コロナウイルス感染症対策に追われているときでも、「森友学園問題による近畿財務局職員の自死」に関する追及などは当然に重要な案件である。新型コロナ関連以外の質疑は「邪魔」とする国会運営があれば、もはやそれは民主主義ではない。それこそ全体主義的運営になる。

維新・松井のいう権力者とは、もちろん専制君主的なものや横暴者ではないだろうが、そこには民主主義とは明らかに異なるものが潜んでいる。さらに、この松井の発言には、もう一つ重大な意味が隠されているが、これは第五章で論じることにする。

このように、維新主義運動は「権力は自らを正当化する」ことを自明にした。この維新の会が唱える新奇な説が広く受け入れられる――学者・識者は非難し、一般の人々は関心がないからといっても――にいたっていることほど、日本や大阪において政治不信や関心の低さも手伝って、民主主義の崩壊がいかに進行したかを示すものはない。**実際この教義こそ驚くべきイノベーションである。**

民衆心理の不思議

維新主義運動の症状として、さらに重要な意味をもつものが民衆心理への訴求である。維新主義運動を紐解くとき、プロパガンダまたポピュリズム説を重視しているのは、この民衆心理の重要性ゆえである。

しかし、「嘘も繰り返せば事実として受け入れられる」の格言は、維新主義運動の説明としては理解しやすいかもしれないが、残念ながら間違っている。

維新が一大勢力となる前は、最も狂信的な信奉者さえ都構想を信用していなかったし、他の政策には関心さえ寄せていなかった。二〇一六年から二〇一八年頃の都構想バージョンアップについては、維新内部でさえ力が入っていなかった。だが、民衆は維新のもとに群がっていった。

公約の矛盾を知っていた

人々は、維新の公約や発言が矛盾することを知っていた。このようにいうと、反維新陣営からは、「いや、ちがう！　一般の人々は真実を知らない。本当に理解していない。イメージだけで信じている」と反論するだろう。都構想に賛成しているほとんどの人が大阪市がなくなることを知らなかったというアンケート結果もあると主張するだろう。

もちろん一理も二理もある。しかし、人々は大阪市がなくなることも、大阪が「都」にならないことも知っている。テレビ番組や報道、反維新陣営の説明によって広く訴求されている。さらには、投票権はないが都構想を支持する大阪市以外の多くの大阪府民が知っていることについてはどう説明するのか。大阪市民の賛成派だけが知りえていないということはありえない。

繰り返すが、民衆は都構想で大阪市はなくならず、大阪市役所がなくなるという説明が嘘であると知っている。大阪「都」にならないことも知っている。問題は、知っていようがいまいが、民衆自身はそんなことはどうでもよいと思っていることである。反対派は目の色を変えて指摘するが、結果として民衆からは維新側の説明に騙されたという嘆きの声はあまりない。

この一例として、二〇一二年一月二八日に放送された「朝まで生テレビ」という番組での議論がそれを示す。橋下と反維新側の論客たちのやや中間の立場にいた東浩紀が、選挙チラシの虚偽記載等について、「反維新側の皆さんが指摘している内容は理解している。しかし、その表現ややり方ってそんなに悪いことでしょうか？」という旨の意見を述べた。断っておくが、東は橋下に肩入れしているのではない。

このことが端的に示すように、民衆や第三者的な立場の人は何の抵抗もなく受け入れている。ちなみに、このやり取りの中にも、別の重大な本質が隠されている。第六章で詳しく論じることとする。

背理ゆえに信ず

維新主義運動にだけに見られるこれらの特性、すなわち、過去の否定、権力の正当化の要求の否定、信条と公約に対する不信ゆえの民衆の信任。**これらこそ、維新主義運動の分析の基礎とすべきものである。**

もちろん、これら維新主義運動の特性は、それ自体の重要性があるにせよ、表面的な症状にすぎず、維新主義運動そのものを説明するものではない。ただ、それらの症状は、**体のどこが病気**

であり、それがいかなる種類の病気であるかは教えてくれる。

その場合、症状の中では最初に挙げたものが最も理解しやすい。否定の強調（身を切る改革・ムダと称するコストカットの拡大、二重行政の解消など）は、明らかに前向きの信条（何かを創り出す信条・政策）の欠如を補おうとするものである。信条の前に革命はありえない。したがって、新しい前向きの信条が手に入らなければ、否定をもって代用としなければならない。つまり、旧秩序の崩壊に伴って新しい前向きの信条は何も生まれなかった。

伝統に立つ解決が見つかったのであれば、前向きの信条の欠如を自覚する維新主義運動がそれを利用したであろうことは疑いない。都構想がその前向きな信条に代わるものとして利用され掲げられるが、制度内容は数々の重大な欠陥を抱えている。そして都構想は信条の代用とされたり、時にはただの制度論や統治論とされたりする。

したがって、維新主義運動が、民主主義、話し合い、多様な意見の合意形成、調整など権力の正当化を放棄したということは、少なくとも今日のところ、伝統（多様な意見を調整するため中途半端な結果になるという決められない民主主義など）を維持しつつ問題を解決するための進むべき道は存在しないことを意味する。

かくして、民主主義、話し合い、公平の実現といった基本的な諸概念を、これまで数十年にわたって進んできた方向に向けては、これ以上進めることができなくなったことこそ、明らかに維新主義運動の興隆の基本的な原因である。これまでの数十年とは経済が中心であった時代のことである。

しかもこの見方は、前述の第三の症状、すなわち維新主義運動に対する民衆心理とも合致する。これは同時に、維新主義運動による問題解決がいかなるものとなるかを明らかにすることにつながる。この民衆心理は異常であって複雑である。しかし、我々はこの種の心理を日常的に体験している。我々は信じられないものを信ずることがどのようなことであるかを容易に理解できる。

ドラッカーは次の例を示している。

> ジャムをなめようとして瓶を壊した子供は、見つかればひどく叱られることを知っている。そこで見つからないようにと祈り、望み、信じられないままに信じようとする。[*2]

若きドラッカーの生きた時代のイギリス政府も、先の例と同じことをしている。イギリスは、独裁者との間に永続的な平和などありえないことを知っている。しかし、ドイツとの永続的な平和があることを信じられないままに信じ、望みえないままに望んでいた。

> あの子供もイギリス政府も奇跡を望んでいる。子供は、天使が助けにくること、家が燃えて何もわからなくなることを願う。イギリス政府は、大人であるがゆえにさらに途方もない奇跡を願う。ドイツでの反革命や経済破綻、あるいは独ソ戦の勃発を願う。

いずれも自らの理性や得ている情報に反する奇跡を信じこもうとする。なぜならば、もし奇跡が起こらなければ、考えるも恐ろしい災厄が待ちうけているからである。[*3]

こうして、理性をもっている普通の人間でも理性を失うことになる。いずれも絶望のゆえに奇跡に頼る。ファシズム全体主義に傾斜する大衆についても同じことがいえる。

閉塞感が広がり、先行き不透明な時代においては、何かに希望と期待をもってすがりたい。賢者が壁に描いたユートピアであっても、現実の楽園と信じたい。なぜなら、他に信じられるものは何もないからだ。

当たり前だが、壁に描かれたユートピアは現実のものにはならない。ユートピアに替わる代替案というものもない。しかし、信じなければ平凡な日常、満たされない生活が待っているだけである。現状からの脱出を図ることができない。失望が待っているだけである。だから是が非でも信じ込もうとする。信じても実現はしないが、信じ込むしかない。

民衆の失望こそが鍵である

旧秩序、例えば昔の好況・不況の経済循環サイクル、一億総中流、比較的安定していた企業基盤や雇用継続、企業コミュニティ、ピラミッド型の年齢人口構成は崩壊したが、新秩序は生まれていない。その結果は失われた二〇年とも三〇年ともいわれる混沌である。失望した民衆は不可能を可能とする魔術師にすがる。現代でいうならば、強権で有能なリーダーや新しい世界を提示してくれる革新者を求める。

したがって、民衆が維新主義運動や大阪都構想に傾倒するのは、その矛盾と不可能にもかかわらずではなく、まさにその矛盾と不可能のゆえである。この民衆の失望こそ、維新主義運動を理解するうえでの鍵である。

何が、なぜ崩壊したのか。維新主義運動はいかなる奇跡をいかにして起こそうとしているのか。あるいは、いかにして起こせるのか。

ドラッカーと同じく私はこれからの分析において、これらの問いに答えなければならない。

＊1　P・F・ドラッカー著・上田惇生訳『「経済人」の終わり』p.8-9より引用（2018年第6刷、ダイヤモンド社刊）

＊2　同著p.20より引用

＊3　同著p.20より引用　ちなみに数ヵ月後、ドイツとソ連との間に不可侵条約が結ばれ、イギリスはさらなる絶望に襲われることになる。

第三章
民衆の失望

二〇〇〇年代後半に入ると、民主党（当時）への国民の支持が急速に拡大してきた。二〇〇五年九月の衆議院の議席数は一一三と前回の議席を大きく割り込んでいたが、二〇〇七年四月の統一地方選、続く七月の参議院議員通常選挙に連勝し、民主党政権誕生の期待が叫ばれるようになった。

そして、ついに二〇〇九年夏の衆議院議員総選挙において、一党が獲得した数では戦後最多となる三〇八議席を確保し、圧倒的支持により政権の座に就いた。絶対安定多数を超える議席数と発足当初の内閣支持率が七〇％を超えることからも国民の支持、改革への期待、希望が民主党に託されていたが、やがてそれらは大きく裏切られ、民衆を失望させることになる。

民主党政権はなぜ失敗したか

数々の選挙に大勝した主な要因は、自民党・小泉政権の新自由主義的構造改革に対して、生活が良くならなかった現状への不満であった。ならば、旧来の政治が良いのかといえばそうではない。自民党従来の政官財が織りなす利益誘導型政治への反感と憎悪も増して、民主党の勝利につながった。「政官財の癒着」「利権政治」「税金の無駄遣い」のような、悪魔の化身としての設定がなされたのである。

新自由主義による構造改革の中止と、悪魔が操る古い土建国家型の政治を破壊すること。併せて既得権がつくられている構造をリセットすることや、公共原理で守られている者を競争の激しい市場原理の中に引きずり出すこと。ただし、新自由主義の余波により生活を脅かされることなく、生活水準が向上すること。民主党には古い秩序を葬り、新しい秩序を構築することが求められた。つまり、民主党政権の成功は、貧困・格差社会が深刻化し、自由と公平が乏しくなった小泉政権来の新自由主義構造改革を打破し、公平な社会を実現できるかどうかにかかっていた。

だが、ご存じのように民主党政権は、公平な社会を実現するどころか経済と社会を粉砕させ、雇用、外交すべてにおいて惨憺たる結果をもたらすことになって力を失った。

政権交代によって不公平の解消を約束する明るい未来を築くはずだったものが、結局は自民党体制における単なる反対勢力の一つになり下がった。

確かに反対勢力としては有力である。しかし、ただ反対するだけ、批判することだけが唯一の機能であるならば、社会的勢力としての民主党は、その存在意義を自民党の存在と妥当性に依存するしかない。たとえ自民党の信用を落とすことはできても、それに取って代わることはできない。自民党がなくなれば、民主党もまた自らの意義と正当性を失うことになる。

民主党はその後に解党され、離合集散を繰り返すことになるが、後の各党も立ち位置は同じである。それらは枠内の改革政党にとどまる。

民主党の現実

民主党の組織構造は、異なる意見や考えをもつ人々から成る集団であり、主に三つのグループによって形成されていた。

一つは旧来の自民党体制、利益誘導型政治（土建国家型政治）の打破を目的とし、政官財を悪の三角関係として敵視する新自由主義による構造改革グループ。一つは政治資源獲得のため陳情を一元化して自民党に取って代わることを目指した小沢一郎グループ。そして、福祉国家的な世界観をもつグループである。

党内にもともとあったというより、意見や考えが異なる議員が寄り集まった構成であるという方が正しい。当初の政権運営も他党との連立で維持していた。

しかし、党内に異なる様々な考えがあることは良いとしても、自民党あるいは自公連立政権のように最終的にまとめ上げる力をもたなかった。ゆえに、意思決定についても、打ち出す政策についても中途半端に終わってしまうことになった。

このことは、民主主義のいくつかの欠陥を最も明るい場所で露呈することになる。つまり、国政の舞台において、異なる多様な意見の調整という民主主義の信条が役に立たないどころか、機能不全に陥ってしまっていることが明らかになったのである。

具体的な失政の数々は次項で挙げるとして、そのすべての要因は「ねじれ」によるものであった。民主党内で様々な意見や考えがあり、ねじれてしまってまとめることができない。結果、意思決定に悪影響を及ぼす。また、衆議院と参議院とでは党勢が異なることにより「ねじれ」が発生し、決定に時間がかかってしまう。

当時、「ねじれ」という言葉が新聞や報道でよく取りざたされ、「ねじれ」の問題があらゆるところで浮き彫りになった。党内意思決定のねじれ、二院制によるねじれなど「ねじれ」は弊害であるとし、その解消が求められることになる。民主党の小沢一郎などは民主党と自民党との大連立を構想したが、成立するには至らなかった。

この「ねじれ現象の解消」は国民の関心事にもなり、後に維新の会の信条にもなっていく。維新は参議院を廃止する一院制樹立の公約のほかに、首長と自治体議会との関係、大阪市と大阪府の関係にもねじれがあるとし、決定できない民主主義、意思決定の遅さなどを問題として取り上げていくことになる。

民主党政権の失敗

さて、前項でも触れたが、民主党には様々な失敗がある。失敗事例の博覧会でもできそうなくらいの豊富さである。特に、経済政策、雇用対策、外交などは惨憺たるものがある。

これらの失敗事例が強烈すぎるせいか、そのことのみが注目され問題とされるが、重大さからいえばそれ以上に極めて重大な失敗を日本中にさらすことになったものがある。それが先ほど述べた民主主義の機能不全であり、民主主義の無用さである。

つまり「決められない民主主義」や「多様な意見を調整することは中途半端な結果に終わる」「意思決定が遅くなる」というものである。ゆえに提出される法案や政策は中途半端なものとなり、有害でさえある腰砕け法案の数々がその証左となった。

　腰抜け外交もある。骨抜きの法案もある。進もうとする道は三本あるため、バラバラの方向に進んでいく。人間の身体に例えるなら、とてもではないが姿勢を正しくして歩んでいくことができない状態である。

　小泉政権時代に進められた構造改革に対する強い反対姿勢は中途半端に終わった。後期高齢者医療制度の廃止は先送りで、日雇い・製造業派遣原則禁止は骨抜きになり、診療報酬の改善はごくわずかにとどまった。農家戸別所得補償制度の導入の赤字補塡については微々たるものになった。地球温暖化対策基本法案もなし崩しになった。

大阪の政治への期待と失望

　当初、民主党政権への期待は大阪において特に顕著なものであった。というのも、大阪は政治と社会への失望の真っただ中にあったからである。バブル景気が崩壊し、不況に入った一九九〇年代中頃から、経済の不況とともに大阪の社会の衰退が見られはじめた。こうした状況によって、従来とは異なる無党派から支持を集めた横山ノック知事への期待が広がった。しかし、改革派として登場し大阪府の財政再建を推し進めてきた彼は、強制わいせつ罪で逮捕され、政治の世界から退くことになる。

　大阪市の過去を振り返ると、それまでの市長は市政の安定という側面から、助役経験者が選ばれてきた。そして、その基盤を支えてもらうために、議会、関係団体、労働組合への引き継ぎが行われてきた。また、選挙制度上、一党が過半数を獲得することは難しく、多様多党の意見を調整することが利点となる選挙制度になっている。行政に対するチェック機能など、いわゆるオール与党体制で機能している時代もあった。

しかしながら、二〇〇〇年代に入ると、市職員の怠慢や議会への不信が浮き彫りになった。二〇〇四年の職員厚遇問題等、大阪の政治への失望の広がりと深刻さがうかがえる。これらのことから、大阪市民は改革の旗手を求めるようになる。当然、民主党への期待が膨らむことになった。

自民党安倍政権の約束履行と不履行

惨憺な結果に終わった民主党政権に代わって登場した安倍政権は、疲弊しきった政治と経済の立て直しに迫られ、経済対策としてアベノミクスを打ち出した。経済政策を最優先に取り組み、経済の好循環を作り出そうとしたのである。

そして、文字通りの成功を納めた。事実、就業者数は二〇一二年から二〇一五年の間で一一〇万人増加し、この時期は若者の就職率も過去最高になった。大学生は一九九七年卒以降で最高の九七・三%、高校生も九七・七%の高水準になり、二〇一七年には史上初めて有効求人倍率が四七都道府県全て一倍を超えた。国民総所得は三六兆円増加し、税収も二一兆円増加。新規国債発行額も一〇兆円減額した。企業収益も過去最高の七〇・八兆円（二〇一五年）になった。経済は好循環になり、戦後最長となる景気拡大を達成したのである。

ただ、それでも貧困格差の社会問題、現状不安と将来不安の問題は残った。ご存じの通り、失われた三〇年の間において、一度も景気の拡大がなかったわけではない。二〇〇二年二月から二〇〇八年二月までの七三カ月続いた「いざなみ景気」がある。二〇一二年一二月から二〇一八年にかけての「いざなぎ景気超え」もある。

確かに、いざなみ景気のときの労働市場、就職活動生は買い手市場になった。収入が上がるわずかな実感もあった。しかし、その経済成長が生活の安定につながるまでには至らなかった。それは、後のリーマン・ショックがあったからではない。もちろん、低成長が要因であるが、経済成長の内容そのものにも原因があったのである。

従来の景気拡大と違い、いざなみ景気はアメリカや中国等への海外輸出とそれに伴う設備投資に起因していた。国内の家計消費が賑わったわけではなく、専ら輸出依存によるものであった。二〇〇二年から二〇〇七年末までの経済成長をけん引してきたのは、アメリカの住宅バブル・証券バブルによる自動車、家電を中心とした輸出である。そして、輸出依存の拡大に合わせて民間の設備投資が伸びたことで経済が活性化したのである。

内需は不振のままだが、輸出依存とそれによる設備投資拡大がいざなみ景気の特性である。しかし、この経済成長では、国内の消費需要の伸びを対象としている中小・零細企業は果実を得ることができず、大企業との差が開くことになった。

当然、大手企業、グローバル企業が集まる東京と中小・零細企業が集積する地方都市とでは、地域間の格差も出てくることになる。景気の果実（血液）は、大企業から中小に、東京から地方に流れてこない。

ちなみに、一九九〇年代のバブル景気前からの国と地方都市の大阪市の動きを比較して見てみると、次のようなものであった。

国の税収のピークはバブル景気崩壊前の一九九〇年で、約六〇・一兆円であった。これに対し、大阪市の税収のピークは国に遅れること六年、すでにバブル景気も崩壊した一九九六年の約七七七六億円である。

国の政策方針の後で大阪市は施策事業の計画を立てるが（立てざるをえないが）、一九九〇年代後半から不況の連続に入ることになり、大阪市の計画は無理を背負い込むことになる。行政の論理からして、いったん立てた計画をすぐさま撤回することは簡単ではない。事実、一九九三年頃の大阪府の場合は、法人税収が大幅に落ち込んだにもかかわらず、地方債を発行するなどして事業規模を維持した。

大阪市の税収のピークは国より遅れてくるが、税収の底は国より早く現れることになる。七年後の二〇〇三年には、大阪市の税収は約六一三〇億円にまで落ち込んだ。国の税収の底は二〇〇九年の三八・七兆円である。

労働市場では、一九九五年に生産年齢人口が最多となり、GDPは一九九七年にピークを迎え約五三四兆円になった。ここから下降線に入るわけだが、すでにこの時点で、当時の社会問題となっていたホームレスの急増が顕著となる。

経済の成長と拡大は、社会的な目的を達成するための手段としてしか意味がない。社会的な目的の達成を約束するかぎりにおいては望ましいものであるが、その約束が幻想であることが明らかとなれば、手段としての価値は疑わしくなる。*1

ドラッカーのこの言葉がいっそう重みを増す。

経済的自由への恐怖

ここで「経済的自由」について説明しておく。『「経済人」の終わり』における経済的自由とは、自由放任主義のことである。それは自由に利潤を追求すれば人は幸福になれるとし、経済を中心にすれば神の見えざる手によって社会は望ましい状態になるとした。

この自由放任主義によって、一九世紀後半頃には力のない弱い企業は淘汰され、少数の大企業が企業社会を支配していくことになる。それとともに、産業資本と銀行資本が結合した金融資本が支配的なものとなった。しかし同時に、周期的な不況も発生することになり、そこで新たな市場を海外に求める帝国主義時代を迎え、貧富の差が拡大していった。

その後、一九二九年に世界恐慌が起こり、底知れぬ不況と貧困、飢えをもたらすに至る。経済的自由により、大衆は絶望の淵に叩きつけられることになった。

以降、政府は経済的自由を調整するようになり、国民の福祉を実現しようとする修正資本主義に移っていくことになる。そして、その後のケインズ経済主義を経て、現代においては、再び小さな政府への転換を目指すことになる。

本書では、自由競争および公共原理の削減を目指す今日の新自由主義を「経済的自由」としている。

これまでの第二次世界大戦後から数十年にわたる経済発展によって得られた物質的、経済的成果から見れば、経済活動の成長は疑いもなく望ましいことだった。しかし、経済の安定の行き詰まりを見せた一九九〇年代末以降において、現代経済秩序に苦しむ人々にとっては、経済的自由は望ましいものではなくなった。

彼らにとって、経済的自由は脅威を意味した。経済的自由は安定を捨てることを求めたからである。彼らにとっての安定は、決して裕福なものではなかったが、比較的安心できる暮らしがあった。だが、経済的自由は、一人ひとりの人間に対し経済的な不安定をもたらした。新自由主義経済路線に舵を切った小泉政権時には、派遣社員の増大、製造業労働人口の削減、会社の年功序列・終身雇用制の崩壊、成果主義の導入などが発生した。これらは時代が要請したものでもあった。

そして、政権を取り戻した自民党の安倍政権が打ち出したアベノミクスでは景気拡大が見えた。いざなぎ景気超えもあった。しかし、人々には実感としての好景気は享受できなかった。

つまり、この二〇年で経済的な利益は人々に何ももたらさなかったのである。経済発展は公平をもたらさなかった。それによって、現代資本主義は多大な物質的恩恵をもたらしたにもかかわらず、貧困層だけでなく中流階層でさえ、社会制度の底に沈ませていったのである。

経済学者・二宮厚美教授によれば、新自由主義においては、資本の循環形態は、生産資本、商品資本、貨幣資本の各循環形態のうち、貨幣資本循環を中心におくといわれる。理由は、グローバル経済は世界市場で進められ、自国内経済の商品資本循環は後景に退くことになるからである。

商品資本循環の視点に立てば、商品がどのように調達、加工、生産、流通、販売、消費されるかが関心事になる。経済学では、生産された総商品に対する有効需要を問題にしたケインズ主義が、商品資本循環に立つものであった。

そのケインズ理論が問題にしたのは、一国民経済内部の生産と消費のバランス、投資・消費需要の動向だった。だが、グローバル市場におけるグローバル企業の関心事は、当然一国内の投資・消費需要ではなく、グローバルな市場から生まれる世界的な需要にある。ここから、経済はケインズ主義ではなく新自由主義にシフトすることになり、貨幣資本循環に立つことになるという。

経済がグローバル経済のグローバル市場に辿り着いたのは、そもそもの市場の変化が原因でもある。世界的に人口減少が進み、出生率も低くなっているからである。今までは人口増と世帯増により国内市場の成長を支えてきた。しかし、その前提が立ち行かなくなったので、より大きなマーケットを、グローバル市場を目指すことになる。

たとえ国内市場で活動していても、ＩＣＴ等の進展により今日の競合相手は国内だけにとどまらず、グローバル企業がライバルとなる。旧来の「多国籍企業」ではなく「グローバル企業」である。

ドラッカーの理解に従えば、これまでの多国籍企業とは、海外子会社をもつ国内企業であった。海外子会社で販売するほとんどの製品について、その国で部品を調達し、その国で組み立て、社員は自国民であったりした。

しかし、グローバル企業は組織構造が根本的に違う。商品の販売、アフターサービス、広報は現地で行うが、経営戦略、部品調達、生産、マーケティング、価格決定、マネジメントはグローバル市場を考えて行う。

グローバル企業のある海外子会社は、ある部品のみを製造していたりする。そこから世界中に供給される。このことによりグローバルな事業展開が完成した製品のコストを大幅に削減させている。そして、次のことが重要な問題となる。すなわち、「いかなる子会社といえども、ほかから切り離されるならば何一つ生産できない」ということである。

新自由主義の貨幣資本循環は、最終的に増殖される貨幣価値が重要になるため、途中の過程はコストでしかない。したがって、できる限り削減することが求められる。この流れによって、過程に位置する人々は単なる金銭的なコストとみなされ、まるでただの〝分子〟であるかのように扱われる。

つまり、人間の社会での位置と役割を喪失させることになる。単なる経済上の問題ではなく、貧困・格差の拡大と深刻化、そして疎外という社会上の問題になる。

貨幣資本循環を基本とする新自由主義経済も、一〇〇年前の経済的自由と同じように、必然的に金融主導型の資本蓄積になり、膨大な金融資本が誕生していくことになる。

「経済人」の破綻

日本が経済の安定成長期に入った一九七〇年代には、石油危機や財政支出を増やすことによる通貨供給量の増大により、インフレと不況が同時に起こる「スタグフレーション」を経験することになった。

そこから反ケインズ主義の方向に動き出すことになる。ドラッカーの分析によれば当時の日本と西ドイツは厳密な意味においてケインズ経済学を採用していないが、日本は大きな政府から小さな政府を目指し、市場原理の自由競争を志向するようになる。

貨幣量重視のマネタリズムを採用し、自由化政策に乗り出し、規制緩和と民営化に動き出した。初めの新自由主義と呼ばれるものである。その後、新自由主義はさらなる加速化を見せ、経済の成長と発展はあったとしても、二〇〇〇年以降、人々にとって実感の湧く好景気につながらない結果に終わっていくことになるのは前述の通りである。

二一世紀になって様々な古い秩序の崩壊がはっきりと見えてきたが、新自由主義は息絶えていない。それどころか、日本の二一世紀の幕開けは新自由主義路線であった。

しかし、二〇〇八年以降は、アメリカ発のリーマン・ショック、世界金融恐慌という魔物が発生した。二〇一一年五月にはスペインでインティグナドス運動が発生。同年九月のウォール街を占拠せよ運動は全米に広がり、ギリシャやポルトガル、イタリアにも飛び火し、日本にも火の粉が落ちてきた。

一部の富裕層は富むが、新自由主義・経済至上主義は人々に満足をもたらさない。失われた三〇年を経て、再び「経済人」の概念が崩れることになった。

ここでいう「経済人の終わり」とは、一九四五年から一九九〇年代の経済成長・安定期と、続く二〇〇〇年代の新自由主義・経済至上主義の終焉を意味する。経済人とは、経済中心の社会で、経済上の満足だけを社会的に大事なもの、意味あるもの、価値あるものと見る社会である。

これらのことは、政治の領域においても、あらゆる制度を無意味なもの、あるいは疑わしいものにするような影を落とすことになる。しかし、その最も深刻な影響は、ドラッカーが言及した「社会の基礎としての基本的な概念、すなわち人間の本性およびその社会における位置と役割についての考え方に対するもの」であり、まさにそのことである。

あらゆる社会は人間の本性およびその社会における位置と役割についての概念を基盤として成立している。人間の本性を正しく把握しているかは別として、それによって人間の社会における位置や役割についての概念を築き、社会の基本的な教義と信条を象徴する。

それゆえに、新自由主義社会の基盤とは、人間を経済活動があらゆる目的を実現するためのもっとも優れた手段とする「経済的動物」と見ることなのである。経済的満足だけが社会的に重要であり、意味がある。経済的地位、経済的報酬、経済的権利こそが人間が働く目的である。これが「経済人」となる。

ちなみに、この「経済人」の概念は、アダム・スミスとその学派により初めて示された。「経済人」とは、常に自らの経済的利益に従って行動するだけでなく、常にそのための方法を知っているという概念上の人間である。

経済よりも重要なこと

こうして、人々はもはや経済が安定しようが成長しようが、それだけでは豊かにならないことを知った。ほかにすがるべきものがあれば、ほかのものを求める。経済の安定や成長を脱した代わりのものを求める。

国レベルの経済政策とは異なり、地方自治体における経済政策の場合は、さほど影響力をもたない。経済政策は外交、安全保障、防衛等とならんで国政レベルの政策である。このことから、一地方政治の場合においては、経済以外の政策に比重を置くことになる。

景気は実感できない。もっと実感できるもの、目に見えるものを求めるようになる。それが万博、ＩＲ、オリンピックなどの大規模事業であり、併せて施設の構築や、打ち上げ花火的なイベントによる集客などは、経済効果が期待できるようにも映る。

そして、もう一つ求められるものは、経済至上主義ではない、脱経済至上主義的なものの施策である。つまりそれは、社会的報奨策であり、垂直的分配施策である。それが叶わなければ、あるいは同時に既得権やいわゆる忖度を認めない政策を求める。

公共原理に適用されているものを規制緩和により、市場の競争原理に左遷させることを望む。行財政の削減により財源を生み出し、それを脱経済、つまり社会福祉や報奨の施策を行うことの必要性を訴えるのである。

秩序を奪われ、合理を失う

すでに述べたことから明らかなように、現代社会では「経済人」に代わるべきものとしての新しい概念が何一つ用意されていない。自由と公平を実現できるための人間活動の新しいステージは提示されていない。

しかも、現代社会は「経済人」の概念の崩壊によって、人間は秩序を奪われ、社会は合理を奪われた。そのことを正当化する正しい説明の言葉もない。今の社会において、人間の役割は無意味なものとなり、その理由や理屈を受け入れることも、自分と社会を結びつけることもできない、巨大な機構の中で一人ひとりが孤立している。

社会は、共通の目的によって結びつけられたコミュニティではなくなり、目的のない孤立した分子からなる混沌たる群衆となったと八〇年前のドラッカーは説いている。

かつて、日本の企業に限れば次のことがいえた。

大学を卒業すれば、良い会社に入れた。普通にしていれば、一生そこの会社の正社員であり続けることができた。生活は安定していた。会社はコミュニティとしても機能していた。いろいろなクラブや同好会もあり、楽しく過ごせた。プライベートをともにする職場の友人もできる。将来のキャリアを描く青写真のキャンバスは、会社や業界内からはみ出すことはなかった。自己実現もできた。地位や身分を守ってくれる労働組合も機能していた。もちろん、この時代にも様々な問題はあった。モーレツ社員など家庭を顧みない企業戦士の排出。企業への歯車化。報道されない過労死。現時代では問題となるパワハラ、セクハラの数々。ブラック企業の先祖もあった。しかし、孤高でありながらも、社会の中に、自分の位置あるいは役割があった。

現代では、学歴が高くても収入が高いとは限らない。正社員になれるとも限らない。会社から会社へと移ろい、生涯に渡って就職活動をしている状態になるかもしれない。事実、就職氷河期世代と呼ばれる者たちが現在進行形でそれを体験している。

これからは、企業の資本に身を委ねるのではなく、自分自身に知識技能をもち、自分自身を資本化するほうが良いといわれる。簡単にいえば、手に職をつける方が良いといわれる。

しかし、仕事にあぶれることはないかもしれないが、高度で専門化された知識技能でない限り先は知れている。知識技能は陳腐化し、常にアップデートする作業が求められる。そのうえ巷の噂では、今の仕事の多くはＡＩにとって代わられるといわれている。

真面目に頑張っているはずだが、報われない。努力する方法も間違っているとは思わない。家庭に目を向ければ、家族の問題、世話や介護が重くのしかかる。怠惰ではなく、一所懸命に頑張っているが報われない。どうしても這い上がれない。自己責任ではどうすることもできない。

最近になってようやく、自己責任論の限界が認められるようになってきた。そのような中、多様性という社会正義によってマイノリティは保護され、頑張っている大多数の中流・下層労働者は疎外されているように感じる。少数派の自由は守られているが、多数派の自由・権利は蔑ろにされているように映る。「この社会を支えている多数派こそ大事にされるべきではないのか？」と多数派は考えるようになる。

経済の景気循環サイクルが順調なときは良かった。一億総中流とされた時代に、絶対的な将来不安はあまりない。就職・職業の選択の自由さは増し、雇用継続、企業経営は比較的安定していた。

経済力の不安からくる結婚の出来、不出来や生活面での苦しさはさほど問題にならなかった。人々は社会の安定と自分たちの安定があるからこそ、社会的弱者やマイノリティに対する給付や特別とされるような扱いを許せた。

しかし、経済の景気循環サイクルが昔のような効果をもたらさなくなった現代においては、一般の人々も弱者になった。ところが、社会はそれを認めてくれない。マイノリティではないからだ。政治や政治家たちは、公平・公正、時には正義を謳うが、理念や品行方正だけでは生活水準は向上しない。やっていけない。旧来の社会的弱者だけでなく、我々民衆も同等の権利が与えられなければならない。

だから政府には、真の公平（垂直的公平）を求めていくことになる。もし、真の公平が実現できないのであれば、平等、あるいは水平的公平を求める。ベーシックインカムなどの導入の声もそれによっている。

この社会の合理と、個人と社会との関係における合理の喪失が、現代という時代の最も新しい特徴である。

＊1　P・F・ドラッカー著・上田惇生訳『「経済人」の終わり』p.35より引用（2018年第6刷、ダイヤモンド社刊）

第四章 魔物たちの再来

一九九一年のバブル崩壊から始まった日本の経済状態は、「失われた一〇年や二〇年」と呼ばれ、まもなく三〇年を迎えようとしている。一九九〇年代末、二〇〇〇年代末、二〇二〇年代初頭に発生した三回の恐慌（社会経済の混乱状態）を通じて、恐慌は人間一人ひとりの実体験となった。

これらの破局が、普遍のものとして存在した日常を、既存の社会、信条、価値観を粉々にした。そして突然、社会基盤の下にある空洞がさらけ出され、人々は社会が合理の力ではなく、コントロールできない不合理によって支配されていることを知った。

現代経済は、理性的な社会観の基礎となっていた教義をことごとく否定するかに見えた。それは現代経済が理論化や合理と無縁だからではなく、逆にそういったものを究極にまで追求したためである。

失われた三〇年と三回の恐慌が明らかにしたもの

恐慌、不況において、人間は突然、理性によって理解できない混沌の支配する世界の中で、救いのない分子と化した。その結果、人間は自由かつ平等であり、自らの価値と努力によって地位を獲得することができるとする社会の概念が幻想であることが明らかになった。

恐慌は、平時においてさえ、不合理かつ不条理な力が社会を支配していることを明らかにした。半永久的に職を失うかもしれない恐怖が常に付きまとい、働き盛りのときに、あるいは働きに出る前でさえ、いつ路頭に迷うかを心配しなければならない。

人間は、失業の脅威に対しても無力であることを悟った。いつ、なぜ失業が襲ってくるかわからない。対処法もない。恐慌は冷徹に回転する自立的な機構における無力な歯車としての人間を示した。


日本はバブル経済の崩壊、「リストラ」という言葉が流行した一九九八年の大不況、二〇〇八年のリーマン・ショックによる恐慌、派遣社員の増大と派遣切り、二〇二〇年には新型コロナウイルス感染症による社会経済の危機が起こり、出口の見えない状態が続いている。

一方、恐慌とは別に将来的な企業・労働環境を見れば、企業の耐用年数は短くなり、反対に人間の生涯労働年数は伸びていく。このことは、勤務先の変更や企業間の移動を余儀なくされることを意味する。仮に同一企業にとどまったとしても、明日の業態は今日のものとは違ったものになる。

『「経済人」の終わり』における魔物とは「戦争」「恐慌」のことだが、現代の日本では「恐慌、不況」であり、「不安」である。現在と将来の不安は、まさに悪霊のごとくしつこく取り憑いている。

経済力の乏しさにより、独り身でさえ満足できる状態でないことから結婚しない単身者が多くなる。そして、単身者は孤独者を生む。環境変化にともなう企業の業態変化により、また単純労務者から知識労働者へと移行しなければならない強迫的な変化が求められる。

このような将来の自分と現在の自分が置かれている状況を考えると、満たされるようなものは見つからない。そこには失望があるのみである。ワーキングプア、ハウジングプア、負け組、貧困女子、無縁社会。社会を襲っている貧困と格差社会の問題が絶えず取りざたされ、社会の底辺にあって、無力感や孤独感に襲われる。どこまで行っても出口が見つからないどころか、光も差さない袋小路のような人生。絶望が待ち受けている。

それまでの恐慌、不況が意味するもの

恐慌の不合理性は、信条の変化によって増幅された。戦後からふりかえるとドッジ不況、特需景気、証券・繊維暴落、投資・消費景気、朝鮮戦争休戦、神武景気、なべ底不況、岩戸景気、オリンピック景気、証券恐慌、いざなぎ景気、ニクソンショック、列島改造景気、円高不況、バブル景気とその崩壊があった。戦後から一九九〇年代までの恐慌、不況は、完全に合理的であるだけでなく、少なくとも必要なものとされていた。なぜなら、恐慌が犠牲と苦痛を与えたとしても、やがて経済発展がもたらされたからである。いわば、経済的な自由と平等の社会を実現するための代償であり、失業、貧困、賃下げ、倒産は、経済と社会の成長に必要な「薬」であった。

しかし、これまで散々述べてきたように、現代社会における恐慌や不況によって日常が破壊されたことで、そのような見解は消え去った。すなわち、人々はもはや経済発展のために犠牲を払

いたくはないということであり、経済発展にそれだけの価値があるとは考えなくなったということだった。

政府は経済・景気をよくするというが、本当にできるのかどうか疑わしい。アベノミクスによる幾分かの成功はあったが、自分たちの暮らしの実感としてはさほど豊かにはならない。もちろん、民主党政権のときよりましである。経済も回復している。しかし人々には、「もはや経済は成長発展するのか？」「成長発展したとして、自分たちの暮らしが改善に向かうのか？」「年金問題など経済的な将来不安は払拭できるのか？」という現実として疑わしい見方が広がっている。一般の人々にとって、経済発展はもはや幸せを運んでくれる最高の手段ではなくなっていた。

人間がつくり出した魔物たち

恐慌自体が変化したために恐慌の不合理性が生じたのか、それとも民衆自身の信条の変化によって生じたのか、そんなことは民衆にとってどうでもよいことである。彼ら自身の社会における位置と役割の瓦解が、不合理な力による社会支配を招いたのか、あるいは社会についての合理的な概念が崩壊したためか、そんなことも関係がない。人々にとっては、社会が秩序を失い、いかなる法則にも従わなくなったことがすべてなのである。

就職氷河期世代に見られる長期にわたる不安定な雇用形態・就業スタイル、あるいは「四〇歳では年をとりすぎ」（昨今の人手不足と雇用変化によりあり方は変わりつつあるが、これも時の経済状況による）といった新しい魔物たちは、まさに人間のつくったものであるからこそ、恐るべき脅威となった。

大昔の魔物は、地震や飢饉、疫病など（近年は自然の魔物も頻繁に発生しているが）であったが、新しい魔物は逃れようのないことでは同じだが自然のものではない。もっといえば、同じ人間だけが彼らを解き放つことができるのである。しかも、ひとたび解き放ってしまえば、もはや制御不可能になる。普通の人間は、究極的合理追求の結果もたらされた、ある意味超越した力による完全な分子化、非現実化、無意味化、秩序の破壊に耐えることはできない。

一部の自由がなくなった

結婚する自由がないと感じる若者、壮年者がいる。結婚しない理由、あるいはできない理由は、今も昔の時代にもある。ただ昔と違い、現在と将来の経済力の乏しさからくる不安や、社会的位置づけの安定のなさ、介護等が必要な家族を抱えるために、結婚できないという新種の原因が現実として現れてきた。もちろん、一昔前でも同じような状況はあった。しかし、昔の経済力の乏しさは隣の家も遠く離れた友人の家も同じであった。貧乏であっても敗者ではなかった。職業にしても同じである。希望する職業に就けない原因は多々ある。しかし、職種・雇用形態を自ら選択できるほどのものがない。

結婚の自由、職業選択の自由について新種の侵略があり、その自由が奪われている。同様に、機会均等も公平も奪われている。もともとすでに、我々は一部の自由が奪われている。そもそも選択できるような自由はない。政治への参加もそうである。参加できているのは納税と選挙権の行使だけである。自由があるとはいえ、政治への参加の方途が見当たらない。我々の自由の利かないところで、政治が行われている。

自分たちは何も怠けてはいない。真面目に働いている。ところが報われない。何か目には見えない力で押さえつけられているのではないかと感じる。魔力で自分たちの人生が縛り付けられているのではないかと思う。

視界が曇り、穿った見方になれば、既得権益者やマイノリティが優遇されているのではないかと映る。自分たちの自由、権利、公平が害されているのではないのかと疑う。

このような世界では、真の公平を実現できる英雄が求められることになる。既得権益者やタブーとされるような領域を打ち破ってくれる英雄を求めるようになる。

経済的自由を放棄する

経済発展よりも安定を優先

この数年、経済発展への拒絶反応が無制限に拡がりつつある。もはや、経済発展の神話に対しては形式的な言葉さえ聞かれない。その代わりに、様々な「安定」、例えば恐慌に対する安定、失業に対する安定、経済発展に対する安定、将来に対する安定などが普遍かつ最高の目標となっている。究極的には、「経済発展が安定を脅かすのであれば経済発展のほうを捨てる」のである。**旧来的なものを躊躇なく手放してもかまわないというこの新しい傾向は、民主主義そのものについても現れている。**

少数派の保護、自由な議論、対等な者としての妥協、主権在民など、これまで民主主義が備えていた機能も、魔物（失業、恐慌、現代不安、将来不安）たちの退治という新しい問題には何も役立たない。

政治的モラル、倫理、平等、社会的正義などといったものは二の次でいい。このような民主主義のお題目的なものはいらなくなりつつある。そんなものより、人々は富の公平な分配を求める。平等ではなく垂直的な公平の分配を求めるのである。

けれども、現在は垂直的な公平が実現できていない。旧来の政党は、倫理、平等、社会的正義という旧い立場にいて、政策も良識のある真っ当とされてきた政策主張モラルでつくられる。しかし、革新政党の維新は違う。ついでにいえば、れいわ新選組も違う。

曰く、決められない民主主義は当然にいらない。民主主義の決定には時間がかかる。決定した内容も中途半端な結果となる。それよりかは、独りのリーダーに早く自信をもって決定してほしい。有能な首長に仕切ってほしい。その方が魅力あるものとなり、誰かを犠牲にするとしても、真に役立つものになる。

彼らにとっては、そもそも誰かを犠牲にする点では民主主義でも同じである。民主主義でも多数決においては少数派が犠牲となる。前者と後者の違いは、重要なことではあるが問答無用か有用かの違いだけである。結果としては同じである。

また、昨今は、新型コロナウイルスの対処方法に見られるように、中国やロシアのようなシステムのほうが決断が早く、強制力も発揮できるゆえ、素早く成果が現れる。

したがって、民主主義が目的としたものを実現するための制度も、もはや無用の長物となり、非現実的となる。そして、それらのものはもはや善でも悪でもないし、民衆にとっては重要でもなく、理解もできない。

ドラッカーは当時の民主主義の凋落について論述をし、次の文章を続けている。

わずか二〇年前、普通選挙や婦人の参政権が政治上の最重要課題とされていたことさえ、今日ではそれが何のためであったかが理解できない。この民主主義への熱の醒め方が制度上の問題にすぎないなどといえるのは、よほどの楽観論者だけである。[*1]

ここでいう「二〇年前」とは一九三九年当時のことだが、現代の日本に置き換えると、婦人参政権や普通選挙が実現して七〇余年から一世紀近く経つ。戦後民主主義が浸透しきった現在の社会では、民主主義であることが当たり前であり、そもそも民主主義が培われた目的が何であるかすら忘れ去られている。あるいは初めから知らない。平等・正義が実現し、民主主義が成熟した社会においては、人々は自分に直接関係のない「平等」や「正義」に関心をもたない。

旧来の政治は、政治思想や倫理、民主主義での問題提起をする。政策も同じようなものになる。しかし、もはや理想と清行だけを主張する野党も、時には邪の道も歩み清濁併せ呑む自民党も、そのような政治はいらない。

政治的観念しかり、経済や景気循環も社会を潤さない。昔からいわれている政治的フレーズや内容、理想はまっぴらごめんである。今の時代においては、そのような政治モラル・倫理・民主主義観は重要ではない。

このことは今までの伝統に反している。伝統に反しているからこそ、政治の広報宣伝において虚偽、誇張、印象操作もまかり通ることになる。これらの虚偽、誇張、印象操作が果実や希望を与えてくれるなら民衆は気にしない。ドラッカーでいうところの「価値の変化」であり、「新しい現実」であり、「すでに起こった未来」である。

現代社会は、野放しの自由は困るが枠にとらわれない型破りなもの、富の再配分の垂直的公平の実現欲求へとシフトしている認識が必要である。

民衆は理想でも倫理でもなく、明日の果実を求めている。垂直的公平の実現を求めている。実利や即物的なものを求めている。民衆は民主的であろうが、独裁者の独断専行であろうが、プロセスの内容は重要視せず、決定への手続きの速さと、果実と希望を提供できるかどうかの結果を求めている。

だからこそ、反維新陣営が大阪都構想の住民投票の再開や、二〇一九年の大阪クロス選（知事・市長選）のおかしな行為を訴えても、民意は受け入れない。大阪都構想の欠陥をいくら懇切丁寧に説明しても民意は受け入れない。価値の変化が起こっている。

このような局面にあっては、過去のデータや統計というものは役に立たない。不連続でまさしく新しく生まれる社会は過去の延長線上にはっきりと存在しない。現在の政治社会変容こそ、価値の変化である。平等、正義、公正、公平、民主主義の価値観が変わってきた。となれば、政治姿勢・政治手法、選挙手法のモラルも変わる。

もはや民主主義の凋落は、制度によっては救えない。民主主義が自らの伝統に根ざし、歴史という長い年月において自ら勝ちとってきたものであると意識されている国ならば、民主主義にも力が残されているかもしれない。しかし、そのような国や場所でさえ、民衆の不安を取り除くために必要ならば直ちに捨てられてしまう。

こうしてついには、自由そのものの概念に疑惑の目が向けられ、経済的自由は公平をもたらさないことが明らかになった。自らの利益を最大にする経済的自由の本質が社会的価値を失った瞬間である。すべての人間が本当に経済的価値を最優先にしていたか否かは関係ない。

民衆は、経済的自由がもたざる者の存在を解消することができなかったために、それを社会的に有益なものであると見なさなくなったのである。失業の脅威、恐慌の危険、つまりは正社員になれない不安、薄給・低賃金への苛立ち、いくら頑張っても這い上がれないことへの怒り、将来の年金不安といった経済的犠牲を遠ざけてくれるのであれば、経済的自由の放棄を喜んで受け入れるようになった。

結果、我々は過去を否定するにいたった。しかし、最高の価値をもつもの、新しい領域については、いまだ何も見つけられていない。我々は、目指すべき目標として、経済的な利益や充足に代わるべき非経済的な代用を見出していない。

自由とは何か

自由とは、実質的には個人の自由を意味してきた。選択の自由、良心の自由、信仰の自由、政治的な自由、経済的な自由など、すべての自由が社会に対する個人の自由を意味していた。

この自由は、社会の中で個人に与えられる。これが中世の集産主義である。あるいは近代の個人主義ならば自由を社会の外に置くことも可能である。

いずれにせよ、「自由とは、その定義からして、必然的に個人ないし少数派がほかと異なる行動をとることを禁じられることのない権利」である。自由のない社会においては、ほかと異なるものはイコール犯罪者である。しかし、自由な社会においては、ある人は、国の方針に反対することもできる。そして、この自由こそが民主主義において欠かすことのできない決定的に重要な要因であり、彼は未来の統治者ともなりえるのである。

しかし、現在日本（日本だけではなく、アメリカはじめ世界中であるが）で説かれるようになった新しい自由は、個々の人間に対する多数派の権利となっている。

維新主義運動の登場

今日、大阪の政治領域において、選挙などに関わる原則は妙なやり方で放棄されつつある。しかし、形式的民主主義の外形、すなわち選挙による負託、投票、形式的平等は維持しなければならない。どういうことかといえば、橋下徹は、選挙で選ばれれば、多くの民衆の意思を代表しているがゆえに白紙委任を受けていると豪語した。

だが、選挙による信任を「白紙委任」と規定（実際、吉村も選挙公約なしで、都構想が支持されたとした）したからには、見せかけだけの「投票の自由」はついに諦めたと見てよい。すでに彼らは、自らの信任が人気による負託ではなく、聖なる負託に基づくことを宣言してしまっている。

豊富にある事例のうち、新しいものを二つ示す。二〇二〇年一一月に行われた、いわゆる都構想の住民投票の結果が反対多数となったにもかかわらず、三回目の都構想チャレンジをすぐさま平然と謳う維新の議員がいる。また、維新は広域行政一元化、大阪市の財源を府に移す案を提示してきている。現在の政令市大阪市を存続させる民意のほうが多かったにもかかわらず、そのような行動をとる。広域行政一元化は、政令市に与えられた都道府県の権限を剥奪するものであり、明らかに住民投票の結果に反している。

この事例は、きわめて重要かつ前例のない特徴である。形態と標語だけが、全構造を放棄した後の後任として維持され続ける。

維新主義運動の本質はこの矛盾にある。維新主義運動は、まさに我々の生きる時代の本質に定着している。すなわち、新たな信条と秩序の欠如である。

かつての秩序は有効性と現実性を失い、その世界は不合理な魔物の住むところとなった。しかし、次の社会システムが現れていない以上、旧秩序のすべてを放棄できないでいる。人々にとって失望と停滞感からくる耐えがたい世の中ではあるが、それを捨ててしまった場合、社会の崩壊や経済的混沌といった違う種類の苦痛が待っているだけなのである。

維新の会による「敵の破壊」とは

つまり、人々が求めているのは、新たな実体と新たな合理を用意してくれていて、かつ古い形態の維持を可能にしてくれる脱出口の発見なのである。

事実、維新主義運動はこの要求に正面から応えようとしている。しかも適法性や継続性を重視しながら。そして、それが観察者の目を曇らせ、かつその革命的性格の認識を困難にするのである。

まさしく、維新の大阪都構想がそれであり、都構想は新しい秩序の縮図でもある。しかし、その中身はなく、ドラッカーが指摘するような、形態、標語、装飾のみである。

新聞のレイアウトでいうならば、大見出し、中見出し、派手な写真とせいぜい小見出しまでである。なるほど、それらの見出しに書かれていることは一見、納得ができる。期待もできる。しかし、細部を知りたくとも、詳細な説明書きはない。理論的に合理をもつものではない。

維新主義運動も旧い秩序の崩壊から誕生したが、秩序は旧い秩序の発展形である。だから、新しい秩序のように見えて、実は新しい秩序は構築できていない。その組織運動の基本が「敵」をつくり、「敵」と戦い、「敵」をつぶし、次なる「敵」を設定することの繰り返しであり、このことが何よりも新しい秩序を構築できていないことを示している。この症状は全体主義運動と同じである。

実績としては、打ち取った敵の首をさらすことと、「敵」を破壊したことによる歳出削減効果である。時には歳出削減効果額を経済波及効果額等とすり替える手段も用意されており、これらの成果を維新の実体の外形上に覆いかぶせる。

また、国政の維新の会の経済成長政策は、実にまともなものがないことがわかる。二〇一九年七月執行の参議院議員通常選挙での公約は「規制緩和による経済成長。停滞の三〇年から発展する未来へ」「農業・林業・水産業、医療・福祉、保育の成長産業化」、と謳う。具体的な経済政策はなく、規制緩和によるものと、行財政改革でムダとして絞り出した削減額を新たな投資財源とするだけのものでしかない。

前述の通り、維新の会は「敵」との戦いを止めるわけにはいかない。その内部理論と力学からも止めることができない。そして、この内部理論と力学は当然ながらあらゆる政策に自動的に結びつき働く。

いわゆる都構想の住民投票についても同様である。二〇一五年の住民投票で否決されても、再び法定協議会を設置し、二〇二〇年に二回目の住民投票を行う。二〇二〇年の住民投票でも再度、反対多数となったが、仮に二回目の住民投票が賛成多数となったとしても、大阪市の解体だけではとどまらない。必ず、堺市や周辺市にも着手する。「当初目的がグレーター大阪だから」と謳い、すべてではなくとも周辺市にも住民投票が実施される。終わりはない。

終わりが来るとすれば、それは「最終解決」である。維新の会は二重行政の解消というスローガンをもって、「大阪府の産業技術総合研究所と大阪市の工業研究所」「大阪府の信用保証協会と大阪市の信用保証協会」「大阪府立大学と大阪市立大学」「住吉市民病院」とその解体と統合を続けていったが、最終的に医療機関体制の失敗が明るみに出た。終焉を迎えるときは、失敗が明らかになったときだけである。

二〇一七年には二重行政の解消として「大阪市立環境科学研究所」と「大阪府立公衆衛生研究所」を統合させ「地方独立法人　大阪健康安全基盤研究所」を設立するという道筋をつけた。ただ、ここでも中身ではなく、形態（外の殻）が先行し、研究所という「箱」だけが決まったのである。

当時は職員も業務も変わらないとの府からの説明があったが、後に偽りと判明した。その後、修正案として「大阪市立環境科学研究所」を「衛生」と「環境」に分離する「大阪市立環境科学研究センター」として可決されたが、二〇二〇年の新型コロナウイルス禍において、その大失態が取りざたされることになった。

維新の「敵」の破壊は、それが失敗するまで続く。いくら指導者が聡明であったとしても中止することができない。その内部理論と力学により「敵」が永遠に設定されるため、「最終解決」にまで向かわざるをえない。全体主義運動の一つの症状である。

大阪モデルの虚偽・疑いの変遷

続いてコロナ禍において吉村知事が打ち出した「大阪モデル」について考察する。大阪モデルとは、コロナ禍での感染拡大・収束状況を判断するための独自の指標と基準である。大阪モデルは大阪都構想と同じである。このように表現すると読者は混乱するかもしれないが、要は同じ発想から出発し、同じ形態をなしている。

この指標について、どんな理由であれ評価する人がほとんどであった。いや、おそらくは全員であった。しかし、私は当初から懐疑的であった。政治的に使われるからではない。科学的であれ、政治的であれ関係はない。理由は維新の内部理論と力学から発生するものだからである。形態（外の殻）、標語、装飾が先行する代物だからである。結果はもちろん、予想、いや予定通りのものであった。

次は、二〇二〇年五月二三日の京都大学iPS細胞研究所の山中伸弥教授の記述である。

大阪府が、いわゆる大阪モデルの基準を、結果を見てから黄色にならないように変更するというのです。元々の基準では、感染経路不明者の一週間の合計が、前週との比で一を超える、すなわち前の週より多くなると黄色信号にするとされていました。これが二三日現在で〇・九一となっており、二四日に仮に新規感染が〇でも一を超えてしまうので、この基準を除外するというのです。結果を見てから基準を決める。科学でこれをすると信頼性が揺らぎます。この報道が本当であれば、大阪府の対策が、科学から政治に移ったことを意味します。

大阪府民として非常に心配です。人は権力や上司に忖度するかもしれませんが、ウイルスは遠慮ありません。報道が本当であれば残念ですが、科学者として貢献できるよう微力を尽くしたいと思います。[*2]

この場合の政治に移るとは、恣意的な利用になるということである。付け加えるならば、すべてが「恣意」になるということである。

そして、次なる「恣意」が登場する。ワクチン開発の政治利用である。二〇二〇年六月、大阪大学の森下竜一教授と製薬ベンチャーのアンジェスなどが共同開発中のワクチンについて、吉村知事は大阪市立大学審査委員会の承認を受けない段階で治験開始の日程と対象者を公表した。

人間の体の安全に関わる治験の進め方には慎重さが求められるが、そのようなことはお構いなしである。もちろん、対象とされる治験者には何も知らされていなかった。

すべてが恣意なるもの

大阪モデルは、指標・基準を公に示してから二回も調整変更を行った。正確にいえば、追加による基準変更を含めると三回（七月二八日夜）行ったことになる。もちろん、正確性を増すためや、より良いものにするための変更ではない。指標悪化のタイミングで指標自体の調整変更を行った。都合のいいようにする変更である。

一回目の変更は、ある指標が基準を超え、黄色にしなければならないとわかった前日に基準を変更した。二回目の変更は、一回目の変更をしてもなお、黄色にしなければならなくなったときに、赤色にはならないようにした。秋に都構想の住民投票を実施したいためか、大阪モデルの恣意的な変更により、最終的には、赤（府民に対する非常事態の基準）にならないような仕組みが出来上がったのである。

このように、客観的基準を設定したが、その行動をとらない。また状況が悪化してくると数値基準を変えてしまい、卓袱台返しをする。

その後、吉村知事は現行基準にかかわらず赤信号を点灯させる可能性もあると言及した。

ここで極めて重大なことを述べておく。

まず、このような恣意的な変わり身、状況が悪くなれば変更することは良識ある人間からは非難される。当然のことである。このような悪事はもちろん問題だが、もっと深刻な本質が隠れている。

それは、「なぜ、恣意的行為や卓袱台返しなどの悪事を平気でできるのか?」である。これも実は答えは出ている。先述したことに通じるが、彼らへの圧倒的支持は、昔は「人気」で選ばれていたものであるが、今はもう単なる人気を超えた「聖なる負託」により選ばれていると思っているからである。当人たちが自覚しているというよりも、衰えることのない維新への圧倒的支持、期待、希望がそうさせる。「誰もできないでいる正しいことを行っている改革者」「大阪のために頑張っている知事」への負託があるからこそ、恣意的な行為も気にならない。許されている。事実、一般市民からの抵抗はさほどない。それは、正しいことのためだからである。

たいていの人々は、後のイソジン騒動クラスの大騒動が起こらないと、その恣意性に気づくことはできない。

イソジン大騒動やワクチン発表の先走りが起きる必然性

維新の会という組織は、「手柄が欲しい」「パフォーマンスをしたい」「誰よりも、どこよりも先行してやりたがる」と誰もが思っている。そして、その拙速、稚拙さが非難される。これらももちろん問題であるが、問題の本質はそこではない。維新は、明るい未来を是が非でも人々に見せ続けなければならない。そのために、誰よりも、どこよりも先行して提示をしなければならないのである。

本当は手柄やパフォーマンス、テレビ出演などを好き好んでやっているのではない。要は、困難な現在の状況において、道具を用意し、明るい未来を無理からにでも用意し続けなければならない。そのために動かざるをえない。ゆえに、ワクチン発表の先走りや、かの有名なイソジン大騒動が起こることになる。

すべては必然である。いわゆる最終解決に向かう行為と同質である。結局、当該分野の最終解決に向かわざるをえなくなる。これが維新主義運動の一つの実態である。

困難な現在（現状）の社会から脱出するために、明るい未来を無理矢理提示する。解決方法や出口戦略を提示する。大阪モデルの中身、数値、根拠は曖昧で、形態（外の殻）・標語・装飾が先行する形となる。このことは都構想についてもまったく同じことがいえる。先述で大阪モデルと大阪都構想が同じといったことが、この所以である。

旧来の民主主義を廃止する

維新主義運動が旧来の民主主義を廃止することは必然である。民主主義を実現すべき人間活動の領域が失われたことによって現れた維新である。彼らが社会に提供すべき実体とは、必然的に非民主的（首長独断、白紙委任、関係機関への事前連絡なしの強行、意見などが対立する場合がある衆議院と参議院や首長と議会、府と政令市といった競合機関の一本化など）な社会における非民主的な実体（一回目の住民投票の結果と続く二回目の住民投票結果の反故など）たらざるをえない。

同じように、必然的に旧来の民主主義・自由が、新たな非民主主義・不自由にとっての敵としなければならない。したがって、維新主義運動は本質的に、伝統や過去の信条、概念、民主主義の概念の上に構築されているものを否定する。しかも、伝統や過去の形態、標語、装飾を救うことができなければ、さらに自らの信条は否定の信条とならざるをえなくなっていく。

一例として、先述の維新の実行した医療体制リストラは自らの失敗にもかかわらず、過去の太田府政の失敗へと転嫁している。

また、コロナ禍にもかかわらず住民投票を実施した放漫さと医療リストラとで逼迫した大阪の医療体制を救ってもらうために、自衛隊に看護師の派遣要請をした際のことである。吉村知事は、保守を自称するとされる国会議員に対して言語明瞭意味不明な否定を残している。

「国民の生命、財産を守って下さいまして、ありがとうございます。（自衛隊が）違憲のそしりを受けることがあってはならない。保守を自称する国会議員は、命がけで憲法9条の改正をやってくれ。維新は命がけで都構想をやって大将の首をとられた。その迫力が全く感じられない」と。ツッコミどころ満載なこの発言に対して、責任逃れや論点ずらしだという非難、怒りの声が聞こえてくるが、それだけではない。ここにも維新の本質が垣間見える。この発言は、「現状がうまくいかなければ、他のものを否定する」という信条から来ている。

だが、維新が課された要求に応えることができるのは、奇跡によってしかない。魔物を呼び起こすような外形的形態を維持しながら、まさにその同じ魔物を退治し、あるいは合理化するための新しい秩序を用意することは、理性的に考えて明らかな矛盾である。都構想の制度設計や費用の矛盾がよい例であろう。

しかし、民衆は、混沌による失望と同じように、意味の喪失による失望にも耐えられないので、この矛盾は必ず解決しなければならないのである。民衆に対しては奇跡への希望を与えなければならない。

なぜ維新主義運動が理性に背き、否定を信条としているのか、これで明らかになった。失望の深みにある人々にとって、理性は信じられず、真理は虚偽に違いなく、虚言こそ真理に違いない。

ドラッカーは、次のことを述べている。

大衆がファシズムとナチズムに群がり、ムッソリーニとヒトラーに身を投じたのは、ファシズム全体主義が理性に反していたにもかかわらず《なぜ身を投じたの？》でも、すべてを否定していたにもかかわらず《なぜ群がったの？》でもない。まさに、それらが理性に反し伝統を否定していたからである。[*3]

維新による過去の否定は、ほかにも例がある。

丸山穂高議員の北方領土戦争解決発言や、橋下徹のいわゆる従軍慰安婦問題発言。これは理性に反しているものであるのに、非難がされるものの、支持もされている。普通に考えると不思議に思うかもしれないが、これがまさに、理性に反し伝統・過去を否定しているからこそである。

丸山穂高議員の発言における理性の欠如とは、戦争を行うとする考えである。そして、平和を築いてきた伝統に対して、戦争しなければ解決できないとして、戦争してこなかった過去を否定する。話し合いだけでは解決してこなかったとして否定する。

ここで注意しなければならないことがある。「今までの話し合いでは解決しない、だから戦争するしかない」とする考えはもちろん短絡的である。しかし、短絡的考えと切って捨ててしまってはならない。昔から今までにいろいろと取り組んできたが、ほかに方法がない。理性で問題解決ができない場合、突き詰めればその理性と過去を否定することになる。

この理性の欠如と過去の否定は、今までに述べた考えと平仄が合う。自分の暮らしや待遇が改善する可能性があるならば、現在の秩序・制度がなくなってもいいとさえ思う考えと同じである。グレートリセットしてもいい。抑圧された主張が通るなら、今の社会がなくなってもいいと考えである。なぜなら、このまま同じ状態であるということは、社会的・精神的な窮乏が続くだけだからである。このような自滅的な考えは愚かなことだが、この心理現象をバカにしてはならない。過去に旧民主党や維新に投票した有権者が、実は自らが新自由主義の生贄となるのに、その新自由主義政策に投票してしまうことが容易に理解できる。

そして、過去の行いを否定し、究極の目的、真理を追究するために、理性を外す政治家は、「タブーを破る英雄人」として捉えられ、今までの政治家と違い、実行力があるという意味合いで評価される。また、「何とかしてやってくれる」と熱望される。そこから民衆が奇跡を期待するのである。

止まることができない信条と「タブーを破る英雄人」像

維新の幹部クラスが選挙応援に熱心であったり、非常時における対処に熱心であったりするのは、自ら戦っている絵（戦っている状態）を必要とするからである。

常に維新は、懸命に「この世の敵」と戦い続けていること、継続中であることを世間に知らしめておかなければならない。マスコミに乗せておく必要がある。だから、知事や市長でありながらも平日の日中に関東であれ沖縄であれ、選挙の応援演説に立たなければならない。テレビに乗らなければならないのである。

維新のその性質において最も根本的なことは、「常に懸命に戦っている状態」を維持しなければならないことである。**なぜならば、それが信条であるからである。**

「戦っている状態」であることは、実際の戦争・戦闘行為が必要になる。もちろん、本物の戦争をするわけではない。この場合は、選挙と敵をつくり上げることである。しかし、選挙といっても、普通に行うわけではない。普通に行えばそれはただの選挙であり、戦争・戦闘行為にはならない。戦争・戦闘行為にするためには、「敵」をつくり上げ、そして戦争行為を正当化するために、それが「悪」である必要がある。「抽象的な既得権益者」「公務員」「議員」「野党」「自民党大阪府連」「クソ教育委員会」などとなる。次から次へと新しい敵（新しい悪魔の化身）の存在を必要とし、無理矢理にでも敵をつくるため、無理矢理な「既得権益者」等をでっち上げる。それに対して勇猛果敢に斬り込んでいくタブーを破る挑戦者・英雄人像を目指すのである。

維新の会所属議員等による問題発言を考える

ここで、当時維新の会所属・公認候補予定者であった長谷川豊の問題発言を振り返る。

「自業自得の人工透析患者なんて、全員実費負担にさせよ！　無理だと泣くならそのまま殺せ！今のシステムは日本を亡ぼすだけだ!!」という透析患者を抹殺せよという発言や、また被差別部落に対しての大問題発言があった。なぜ、このような暴言狂言の類を繰り返すのであろうか？たいていの世間一般の見立ては、あえて過激な発言や問題発言をして話題性をつくり上げるためのものだと見当しているが、それは確信を突いていない。というよりも、過激な発言のウケ狙い（非常に悪質なものだが）や、炎上商法だけの理解で片付けてはならない。

実際、多くの人がこのレベルの理解で終結している。しかしながら、この問題発言を考えるとき、取り扱ったものがなぜ、「透析患者」であり、なぜ「被差別部落民」であったのであろうかについて思考を巡らせることが肝要である。

様々な問題発言やぶっ飛んだ思考がある中で、彼の問題発言のコンセプトは維新の信条である「敵の設定」とそれに戦いを挑む「タブーなき挑戦者・タブーを破る英雄人」像を構築するためにあると考えられる。

内容としては当然因果関係のないものだが、「透析患者は自己管理の甘さによるものなのに、なぜそこに我々の税金が使われるのか？」と我々のお金が間違った使われ方になっていると訴える。また、自身のツイッターで部落解放同盟を元既得権者としていることからくる発言とも考えられる。

誰も斬り込む人間はいない中で問題を提起する、という構図である。「既得権益者」や「民衆の納税の上に眠る怠惰な人間」を設定し、過激な言葉で挑んでいく「タブーを破る英雄人」を演じていることが窺える。

しかし、この「タブーを破る英雄人」こそが維新が求める、また維新に求められる人間像である。「タブー」を標的とする真の革新者の姿。これこそ民衆の希望するものであり、期待するものなのである。公平が実現できていない今の時代にこそ求められている指導者像だからである。そして、優遇されているように映る旧来のマイノリティ保護、弱者保護、少数派の自由を「敵」とみなし攻撃すれば、その効果はより上がる。

一般民衆ももはや昔とは違い弱者である。大多数ではあるが弱者である。人々は公平が実現できないのならば、特別扱いされているようなところを、普通扱いにしてほしいと訴える。

長谷川の発言は異常なものだが、意識的にか無意識的にかどうかは別にして、彼はその信条を使ったと考えられる。

このようなことはほかにも見られる。同じく維新の会の音喜多駿議員は、れいわ新選組の障がい者の議員が国会を欠席したことに関して、歳費を返すべきだと発言した。

障がい者の議員が欠席したのには正当な理由がある。また、音喜多議員と同じ維新の会に所属する谷畑孝議員は長期間休んでいるにもかかわらず、それにはお構いなしである。維新は身内に甘いとか、自らを省みないといわれる。維新議員はほんとに頓珍漢だと非難されるが、この場合の問題の本質はそこではない。ここにも維新理論、維新の人物像である「タブーを破る英雄人」像があるからである。

社会的弱者として守られていて、誰も文句がいえないとされるイメージである「障がい者」に対して、維新は特別扱いしないとして斬り込む。誰も文句をいうことができないような事柄に対して斬り込む「タブーを破る英雄人」としての行為である。

＊1　P・F・ドラッカー著・上田惇生訳『「経済人」の終わり』p.74より引用（2018年第6刷、ダイヤモンド社刊）

＊2　「山中伸弥による新型コロナウイルス情報発信」／「報道から学ぶ」／「大阪モデル　結果を見て基準を変更！（5月24日各社）」より引用（https://covid19-yamanaka.com/cont5/main.html）

＊3　P・F・ドラッカー著・上田惇生訳『「経済人」の終わり』p.81より引用・筆者加筆（2018年第6刷、ダイヤモンド社刊）

第五章 旧来勢力の失敗

旧民主党政権の社会的失敗、失政は第三章で散々述べたが、実はその前に、旧秩序が崩壊し始めた一九九〇年代後半から二〇〇〇年にかけて共産党が躍進を見せた時代があった。一九七〇年代前半以来の躍進である。

一九九六年に執行された衆議院議員総選挙、翌年に行われた東京都議会議員選挙、一九九八年の参議院議員通常選挙で得票率が伸びた。要因は一九九六年の社会党の瓦解、政党助成金の受け取り拒否など様々にあるが、主となるものは革新への反動である。当時の政権には期待できない。野党もまとまりを失っており、民衆は失望の淵に追いやられた時代。維新の会のような政党はまだなく、民衆の一部が共産党に流れた時期であった。

その共産党は大衆扇動型ではない、もう一つのポピュリズムである万人受けをするような政策を打ち出していた。しかしながら、改革政党への反動であって、政権運営を期待できる程度のものではなかった。

ちなみに、二〇一四年にも共産党が躍進を見せることになるが、このときも理由は同じである。前政権（民主党）への失望と、旧来の自公政権へのあきらめである。このときは大阪で維新も勢力を維持している。

その後、比較的安定した安倍総理の長期政権に移行することになるが、時の民主党勢力、自公勢力への失望から、民衆は維新にすがっていくことになる。

維新の会は革新政党たりうるか

旧来勢力が新しい社会基盤（政策や事業）を提供できなかったのは、マスコミや世間でいわれる「民衆の政治的無関心」のせいではない。それどころか、テレビの政治的情報番組などは高視聴率を誇る。

そもそも民衆の政治的無関心を嘆きながら、投票率が低くなれば旧来勢力に有利になる（現在では必ずしも断言できなくなったが）ということを喜んでいること自体が敗北を意味している。何もできないでいることの証明である。

第二章で述べたが、維新はブームであり、今までの新興の改革政党と同じであり、一過性のものに過ぎないという誤った認識が失敗の原因の一つでもある。過去の実体験とやってはいけない希望的観測をもって、維新の会をいずれ過ぎ去るものと見なしていた。

私は、橋下徹が石原慎太郎率いる太陽の党と合流したとき（二〇一二年）や橋下徹の慰安婦問題発言（二〇一三年）により世間から猛烈な批判やバッシングにさらされたとき、維新は風やブームではないと見極めた。また、一回目の住民投票（二〇一五年）で反対多数となり、橋下徹が維新の会を去っても、何ら維新の勢力は衰えることはないとした私の仮説も証明された（その要因は松井や吉村が存在していたからではない）。

当時の学識者やメディアは私の考えとは真逆のスタンスであった。このことは、私に先見の明があったからではない。当然、未来を透視する能力を備えていたわけでもない。ドラッカー流の観察手法を知りえたからである。

「通念に反することで、すでに起こっていること」を観察し、次に「その変化が一時的なものではなく、本当の変化であることを示す証拠があるか」を詳細に見る。その結果、そこに、「すでに起こった未来」「新しい現実」が誕生していたから、私は維新の会の本質を見ることができた。

ただ、学識者やメディアが維新を革新政党として認識しにくい理由がいくつかあるので次に示しておく。

第一に、国内の政治情勢に関しては平和な日本において、ここ半世紀来、革命政党は存在していない。イデオロギー、あるいは資本主義体制か社会主義体制かによる政治・経済思想の争いもせいぜい一九六〇年から一九七〇年代で終了している。一九九〇年代以降の新興の改革政党については、日本新党であれ民主党であれ、枠内に存在するお色直しの政党であった。

次に、維新は今までの改革政党と違い、表層的には反体制に立脚する政党に映らない。もともとは自民党大阪府議会・市会議員団出身者から構成されているため、どちらかというと保守政党的なイメージがつく。国民政党結党初期の石原慎太郎との合流もそのように映させた。

そして、現時点では、全国的な政党ではなく、大阪周辺で高く支持されているが、全国展開ができていない一地方のみの出来事として認識されることなどが挙げられる。

最後に、維新も国政政党をつくり、その勢力を伸ばそうとしたときに頻繁な離合集散を繰り返し、お色直しを繰り返していたため、その他の既存国政野党と同じように見られたからである。

これらのことが総合的に相まって、維新を真の革新政党とは認識しづらい結果にさせている。また、維新旋風を風やブーム、一時的なものとする先入観も視界を曇らせた。

伝統的秩序に対する最大の敵としての維新主義運動の本質を理解している自民党等の旧来勢力の一部は、その認識を意味ある行動に結びつけられないでいる。なぜならば、彼ら自身、維新主義運動の原因である魔物たちを退治できないでいるからである。彼らは正しいが、無力である。

維新主義運動に対峙できるか

自民党やその他旧来勢力の陣営は、維新主義運動の世界において、言葉や概念が自分たちのものと異なる意味と実体をもつにいたっていることを理解できていない。例えば、「権威」とは、維新主義運動の中では、「恣意」を意味する。

事実、橋下徹は民意の判断を仰ぐとして、知事時代に出直し市長選挙を実施する。民意の判断を仰ぐとして選挙を次から次に実施する。民主主義の結果として出されたもの（権威）が軽んじられ、意味のないものになっている。選挙で選ばれた首長ポストを任期までまっとうして務めようとは思わない。

対して、自民党においては、権威とは民衆の利益のための力の抑制（つまり独裁や専制にならないためのもの）、民衆からの正当化される力を意味する。

橋下が権威の再建に着手したとき、その意図は力が正義であることを証明することにあった。事実、橋下が「独裁者発言」をしたのは、専決的に実現していく力がすべてとしたからである。しかし、権威とは、常に正義による力の制御を意味してきた。

学者・識者やジャーナリスト、旧来の勢力は、橋下の「独裁者発言」のみを批判する。それはそれで正しい。しかしながら、維新主義運動は自民党や旧来の政治の価値観の基盤そのものを否定していることを理解していない。あるいは理解できない。

維新の会における「恣意的」となるものはほかにもある。二〇二〇年二月、大阪市が毎年公表している財政収支概算（粗い試算）である。これは中長期の財政収支見通しであり、大阪都構想の特別区の財政が成り立つかを判断するデータにも使用している。この試算について松井市長は、発表会見で厳しすぎると見直しの考えを示した。このとき、過去の試算との整合性や特別区の財政見通しへの影響について疑問が噴出した。試算方法が変更されるなどの恣意性が多分にある。

同じように、「知事」「市長」という言葉の意味、概念の違いもある。二〇一九年三月の大阪クロス選（知事・市長選）でのテレビ局の討論企画で問われた「首長とは？」という質問について、維新側は「首長は権力者」と定義し、自民党側は「代表者」と述べた。

首長を権力者といってのける維新に対して、通常の思慮分別のある人間はこれを非難することになる。理由は、民主主義が侵されているからだ。しかしながら、この発言が何の問題もなく、民衆からの怒りを買うこともなく、批判もされないのが今の世の中である。旧秩序が崩壊しているのは明らかである。そこに「新しい現実」が横たわっている。

私は、このテレビ番組を見たときに、維新の会は言葉や概念が我々のものと同じ意味をもっていないことに確証を得た。「代表者」とは民主主義的な概念だが、「権力者」はその概念から遠く離れる。両者は異なる世界観だからこそ、同じ言葉でも概念が異なる。

逃避と防衛に解決の道を探る

自民党は、革新的であろうとしながら、無気力な反動的民衆の帰依を維持しようとする。つまり、自民党を新しい世界の新しい勢力にしようとしながら、古い秩序の団体、すなわち党員や後援会、支持母体の地固めに執着する。あるいは執着せざるをえない。

維新のほうは、新しい制度、都構想・二重行政の解消、印象操作・誇大表現・ミスリード、SNSの発信、タウンミーティング街宣などを行い、ほかの政策についても、もちろん無茶苦茶なものも多いが、とにかく新しいものを取り入れようとする。

自民党が都構想に対する対案を求められたとき、自民党陣営はないとする。政令市である大阪市を解体しないと回答する。王道で真摯な答えである。しかし、維新陣営は対案がないと罵り叫ぶ。それは現状維持、停滞とみなして、現状維持はすべて悪や無能とする印象を吹聴する。

もちろん、このような応酬には歯牙にかける必要はないのだが、自民党陣営も「維新陣営はともかく、なかなか世間は理解してくれないだろう。真っ当な答えだが、印象が弱い」と内心では思う。そこで、政令市プランや他党からは総合区プランなどが提案される。

いうまでもなく、対案とは問題となっている事柄についての解決策を提示し、異なる解決策を提示するのが対案である。しかし、都構想に対して、ほかのプランで対抗すること自体、そもそも間違っている。

これは、なにも維新陣営と同じ土俵に立てば負けるから駄目だというのではない。維新を支持する人間の考え、思い、感情と、今の断絶された時代のあとに来る社会を機能させるものが提示できなければならないからである。

それは大都市制度ではなく、大都市圏域の問題とも考えられるが、もっと新しいものとなる。新しい社会基盤、新しい制度、新しい信条、新しい価値とされる。

しかしながら、今日の民衆にとって関心があるのは、今日のことである。今日の失望であり、明日の恐怖である。どうすれば直ちに魔物を退治することができるかである。

第六章

維新主義運動の奇跡
——大阪はテストケースなのか

今日、日本において現代資本主義に対する信条、およびそれらを基盤とする社会が崩壊しつつある。そのため組織形態の維持の必要が高まっている。そのような時代に維新主義運動が生まれた。しかし、維新主義運動は、今日のところ、大阪周辺に限られている。

それはなぜなのか？

この疑問を解決するためには、大阪において民主主義的なものが崩壊した原因を見つけることこそ重要である。これまで行ってきた維新興隆の原因についての分析の有効性もここにかかっている。

大阪で起こったことが、ほかの都道府県には存在しない固有の原因によるのであれば、これまでの分析も、現状の解説としては正しくとも維新興隆の原因を解明する上では不十分だったことになる。

これまで述べてきた見方、すなわち旧秩序の崩壊によって維新主義運動が現れるとの見方に従うならば、民主主義（自民党等が掲げる民主主義）が生き延びるためには自らの公約を果たすだけでなく民衆の心に訴える力をもたなければならない。

自民党大阪府連はどれだけ維新主義運動の毒（毒まんじゅう）に対して抵抗力をもつか、どこまで維新に追随するかとの問いに答えるには、大阪において民主主義的なものがなぜ崩壊したかを分析しなければならない。

大阪の風土・文化と大阪人の府民性

今日大阪で起こっていることは、大阪固有の原因によるものと信じられている。事実、結果として維新の勢いは大阪およびその周辺にほぼ限られている。旧来の勢力もその考えと同じであって、維新主義運動の原因は、大阪の府民性と歴史にあるとしている。そして、大阪の風土、文化、大阪人の気質、府民性について誇張した解説が行われている。

なるほど、それらの解説は説得力があり、証拠も十分にあるように見える。しかし、ここでも「国民性とは歴史を説明できない歴史家の言い訳」との箴言がそのまま当てはまる。国民性、府民性や県民性とは、あまりにとらえどころがなく、矛盾に満ち、よくわからない要因に左右されるがゆえに、何にでも盛り込めるという代物である。

問題は風土や土地柄、府民性ではない

ここで私は断言する。大阪で起こっていることは、大阪の土地柄や大阪人という気質、府民性によるものではない。

なぜならば、維新的なるものがほかの都道府県で見られるようになった。このことが、大阪で原因となったものがほかの都道府県にも存在することを示している。維新の登場と前後するが、名古屋の河村市長が組織した減税日本や東京の小池知事が率いた都民ファーストの会の躍進劇な

ど、各都府県の県民性や歴史がこれほど明確に異なるところはない。

また、これらが大都市だけに共通するとも限らないことは鹿児島県阿久根市の竹原元市長による一連の闘争劇が物語っている。

国民性、府県民性による説明は、歴史上の因果を逆にとらえており、そのことだけですべての論理を無効にする。

もちろん、大阪以外の都道府県が、大阪の維新のように、自らの象徴として「長年の弊害である二重行政の解消」、そしてそのための「都構想」を使うことはありえない。もっとも、まねごととしての都構想はありえる。事実、森夏枝議員が唱えた京都構想がある。また、維新より先行したが、愛知・名古屋の中京都構想がある。これら都構想は正式な方法で決着がついたのではない。途中で引っ込められている。この意味において、大阪都構想だけが本物である。だが、これらのことは歴史の原因ではなく、歴史の結果である。

万一、維新主義運動が大阪で発生したとする理由が、大阪の精神文化として説明できたとしても、そもそもその特殊な文化が、この時代に発現したのはなぜか。その原因は府民性や大阪の風土、土地柄以外の要因によらなければならない。

その要因として説明されるものは、一九九〇年代後半からの経済の低迷、慢性的な不況、民主党政権による多様な意見の調整不全・失敗の露呈、リーマン・ショック、社会不安、疲弊した経済社会である。もちろん、これは日本全国で起こっている。

確かに、大阪の経済も疲弊し、地盤沈下も起こった。これらの問題がなければ、維新主義運動は生まれなかったであろう。しかし、ほかのどこでもなく、大阪で維新主義運動が生まれたのはなぜか。

これに対する答えとして、大阪は、「ほかの府県よりも地盤沈下が激しい」「一人負け状態」「何につけてもワースト一位」だからという意見がある。街頭犯罪率、貧困率が高い。おまけにヤミ専従問題、職員厚遇問題など役所の腐敗があったことも挙げられる。これは、部分的には正しい。しかし、それぞれの自治体で「特有な問題」がある。大阪以外ではどうか。六大市の一つである名古屋市を見てみる。

名古屋市は二〇〇〇年代後半（二〇〇六～二〇〇九年度）において地方交付税不交付団体であり、活気のある都市「最強の名古屋」と謳われていた。もちろんバブル崩壊のときは同様に落ち込んでいたが、いち早くそこから抜け出し繁栄を築いていた。

しかし、リーマン・ショックとそれに続くトヨタ・ショック後の景気低迷により法人市民税収が大きく落ち込んだ。臨時財政対策債は二〇〇二年度の四三三億円から二〇一一年には三三〇〇億円に膨れあがっている。

山田明教授は、二〇〇八年から二〇一〇年度で政令市平均の一般会計市債残高の増加率は一・九二%であるが、名古屋市はそれを上回る二・五五%の増加率であったと指摘している。二〇〇九年度の第三セクターと地方公社に対する政令市の貸付・債務保証・損失補償の総額が標準財政規模に占める比率のワーストランキングにおいて、名古屋市が一一七・四%とトップになっている。そこには財政の硬直化が進んでいる姿があるという。

与えられた民主主義と獲得した民主主義

大阪において、旧来の民主主義の崩壊を招いた原因について答えるには、他都道府県には見られなかった社会的、政治的要因を見つけなければならない。そのような社会的・政治的要因は一つしかない。

「大阪はいつまでたっても経済も社会も惨憺たるもので回復する見込みがないという失望あるいは絶望」「大阪だけが不景気、大阪だけが何でもワースト一位、大阪の地盤沈下が著しい」という真実とそれ以上の思い込みが、府民や市民の間に常にある。

大阪市は従来、大阪市長は助役から誕生し、多様な意見を聴けるような政治体制であった。議会の議員構成も多様な政党の意見を吸い上げる選挙制度になっていた。しかし時間の経過とともにもはやオール与党体制といわれる民主主義は機能しなくなった。チェックしていた機能も馴れ合いになり、発展もない。いつしか民主主義は何も決めてくれなくなった。多様な意見の調整では誰も満足しなくなった。

さらに大阪には、大阪都構想、以前はスーパー指定都市構想や大阪新都構想、古くは大阪産業都構想という都市制度改革案構想があり、それは東京に対抗する、あるいは自ら発展するための手段とされるものが絶えず横たわっていた。

　これを成し遂げることこそが、閉塞感、不景気、先行き不透明な社会を打破できるものであり、現代における悪魔を退治できるというこの時代の熱気に結びついた。これが維新主義運動の萌芽を生んだのである。ゆえに、大阪人のお上の干渉を嫌う気質だとか、大阪人は自由を好むというリバタリアニズムではない。

　ただ、民衆は本当に打破できるか、悪魔を退治できるかどうかわからない。しかし、ほかに方策はない。維新の政策や大阪都構想にすがるしかない。

　ゆえに、反維新陣営が都構想の欠陥をいくら懇切丁寧に説明しても頭には入らない、聞く耳をもたない状態になる。この思考に陥る理由は第二章ですでに述べた。維新の大阪都構想が強く支持される理由がここにある。

　民主主義も何もかも役に立たず、長年自分たちを苦しめていた不景気や地盤沈下、はたまた既得権益者や惰眠を貪る公務員といった悪魔を退治する方策が見つかった！という熱気である。民衆にとって、大阪都構想は単なるまやかしではない。

　他方、京都構想や愛知・名古屋の中京都構想は、そもそも打破するもの、退治するものがなかった（もちろん設定することは可能だが）。だから悪魔退治の方策になれなかった。単なるアドバルーンに終わった。またそれは、河村市長は枠外からの革新者ではないことを意味した。

ほかの都道府県（地方自治体）ではどうか

ほかの自治体、名古屋も東京も意図的に「悪魔」をつくり出すことはできる。事実、東京は小池知事が東京大改革の名のもとに「敵」をつくり出した。後は「敵」をつくり続ける運動をすればよいだけである。

結果としては、小池知事は運動を続けなかったが、このことは、東京でも維新が成功することを意味する。当時の小池率いる都民ファーストの会の大躍進もそれを示している。一時的なものであったとしても成功する。

これは小池知事が敵の設定を続けていくことを放棄し、「国と違い地方自治体は二元代表制だから」と建前を残し――実はこれこそ議会制民主主義のあるべき姿だが――、革新者であり続けることを拒んだからにすぎない。これより前に維新の会が東京で惨憺な結果に終わっているのは、「敵の設定」はおろか、何ら問題設定ができていなかったからである。「大阪の改革を東京に！」と謳っても民衆にはさほど響かない。

維新の勢力が大阪以外で伸びない原因として、「東京は格下の大阪の真似をしたがらないからだ」という意見がある。ちなみに、京都にしても同様の意見がある。京都の気質である閉鎖性、排他性なども原因といわれたりする。しかし、答えとしては的外れである。正解は「その土地での問題設定、その土地での敵、その土地での熱気」が必要になる。

そもそも東京も大阪も求める政治リーダーは同じ道を辿ってきた。一九九〇年代後半には、東の青島幸男、西の横山ノックという天下り官僚ではなく、知名度のある元・芸能人が住民を代表して真摯に働く知事が、同時代に誕生した。続いては、著名人で力のある石原慎太郎、同じく作家の猪瀬直樹、国際政治学者でテレビでおなじみだった舛添要一、大阪では横山が女性へのハラスメント問題により退場した代わりに女性知事の誕生を挟んで橋下徹という流れである。

また、都市部では、都市部ならではの問題が発生し、改革政党が躍進しやすいといわれる。反対に田舎は保守的であるといわれる。もちろん、その部分もある。確かに都市部では、一九六〇年から一九七〇年代の政治課題である公害問題に対する社会党等の大躍進があった。

しかし、国土均衡が図られ、第四次情報革命による情報等の地域間格差の解消と、技術による時空間の移動短縮等の社会変容が起こった五〇年後の現在においては、両者間の違いは昔ほどではない。

先に触れた鹿児島県阿久根市の竹原元市長の例もある。今後一〇年、二〇年後の日本においては、どこの地方でも維新主義運動が起こりえる可能性は十分にある。

ここに、メディアも権威ある学者も「維新」というものを見誤っているところがある。先述の「大阪は、その精神文化、大阪の土地柄、大阪人の府民性とそこからくるリバタリアニズム（自由至上主義）があり、お上の口出しを良しとしない気質がある。ゆえに小さな政府、個人的な自由と経済的な自由を好む」という安直な考えに着地点を見出し、今の大阪の政治状況の認識を落ち着かせようとする。

第二章で論じたが、大変に誤ったものの見方である。繰り返し断言する。大阪は商売人の街という土壌があり、昔の堺や船場などが代表するように、町人たちが自分たちのことは自分たちで決める気質があり、それが維新の新自由主義に通じるというのは、間違った見方である。

横山ノック元大阪府知事への支持などはそのようなものであったかもしれない。橋下徹が初当選したときの支持も、すべてではないにしても「大阪人の気質」や「お笑い一〇〇万票」に乗ってのものだったかもしれない。それが見極めを困難にしているのかもしれない。

しかし、橋下徹は真の革新者であった。それは大阪の気質ではなく、秩序が崩壊し、経済も社会も崩壊した時代の要請でもあったのである。

大阪の旧体制の崩壊

戦争や内乱といった類はなく、もちろん専制や奴隷制もなく、平和が享受できている現代の日本において、市民の埒外で行われている政治や選挙という範疇の中で、さらに一地方の政治において、そこに民主主義の理念やモラルを声高らかに謳っても、聴衆はいない。したがって、反響はない。

もはや大阪市は、首長選挙の投票率が極めて低い時代が続き、選挙において民主主義が機能しているとはいえない状態になっていた。そしてそれは、民主主義の信条、制度等が崩壊していたことを意味する。

だからこそ、単なるまやかしではない昨今流行りの印象操作や超単純化、チラシ記載の曲解表現、嘘、なるものが通用することになった。ここで再び既出の事例を取り上げるが、二〇一二年一月二八日に放送された「朝まで生テレビ」での議論がそれを示す。橋下と反維新側のやや中間の立場にいた東浩紀が、選挙チラシの虚偽記載について、「嘘、偽りは確かに良くないが、その表現ややり方ってそんなに悪いことなのか？」という純粋な考え、というよりも気持ちを述べた。これが端的に示すように、民衆は何の抵抗もなく受け入れている。これは民衆がバカで、想像力がないからではない。そんなことはどうでもよく、虚偽記載の指摘は揚げ足取りにしか映らない。それは、もはや政治的表現のモラルとか政治的倫理という概念の土壌が失われているからである。過去にはあったとしても、すでに崩壊してしまっているからである。学者や識者はそのことに気がついていない。

ちなみに（「ちなみに」という軽易な表現を使う私も毒されているが）、維新が作成した虚偽チラシの議論の一部は次のようなものである。

当時の橋下市長が所属する維新の会のチラシに、「大阪維新の会は大阪市をバラバラにはしません、大阪市はつぶしません」と記載していたことから、共産党の山下芳生議員が、大阪都構想の内容と違うのではないかと橋下に質した。都構想になれば、いくつかの特別区が誕生し、当然大阪市はなくなることになるからである。また、チラシに「今は二四区特徴のない一色の大阪市を、二四区、二四色の鮮やかな大阪市に変えます」と書かれていたことから、大阪都構想といっているることが違うと、同じく山下議員が批判した。

これに対し、橋下は「市役所という組織をなくす云々……」と返答したが、「そんなことは書いていない」と山下議員は指摘。この議論を受け、司会の田原総一朗は「橋下さん側にミスがあった」と指摘した。

先述した民主党政権による民主主義の機能不全とともに、あらゆるところで民主主義は優れているどころか、役に立っていないことを明らかにした。そして、民主主義の実態が崩壊した。自民党や旧来の勢力の民主主義は、社会的な公約とその実現に対する関心しかなかったし、民衆の心には、いかなる情緒的愛着も伴っていなかった。当然、その実態が無効であることが表面化した際には、民主主義に連なる信条や標語は存在しないも同然の扱いになった。

民主主義を民衆自らの手で勝ち得た国でさえ、完全に抱え続けられるとは限らない。日本という国は、自らの手で民主主義を獲得していない。大阪だけでなく、どこでも同じようなことが起こりうる。

第七章 維新主義運動の新自由主義社会

一九二〇年代から一九三〇年代のドイツにおいて、大衆はブルジョワ資本主義に代わるマルクス社会主義に期待したが、それでも救われないという事実を突きつけられた。これらの秩序が崩壊した後に登場したファシズム全体主義は、資本主義経済でもなく、マルクス経済でもない「脱経済社会」を目指した。そして、それは信条と秩序の代わりに「組織」を代用するものであった。組織をつくり、運用し、そこに人々の位置と役割を与えた。経済的報酬よりも社会的報奨を与え、機能させた。

翻って現代の維新主義運動は、旧秩序の崩壊の後の新しい秩序として「脱経済社会」を目指していない。そもそも明確な社会の全体像など考えていない。しかしながら、維新が目指す行為のいきつく先の社会は、徹底した新自由主義社会になる。

徹底した新自由主義

維新は脱経済を目指していないし、脱経済に代わるものとしての社会的報奨、つまり非経済的な満足、報酬、報奨なるものも当然ない。ただ、社会的報奨政策のようなものとして、私立高校授業料無償化、学校給食無償化、教育バウチャー制度などの分配政策を掲げている。

しかしながら、これらについても前政権の民主党が推し進めた、子ども手当や農業補償、事業仕分けといった類のものと同じである。そして基本的な政策として、既得権益者とされるものや公共の原理に守られている者に対して、既得権や特権とされているものを剝がしにかかる。

これは民衆自身に社会的報奨をもたらされないが、いわゆる上級市民とされる者の社会的満足、報奨をなくすことにより、民衆にとって特段実益はないが非経済的な満足を与えることに成功している。理念や正義などという腹の足しにならないものよりも、実益あるいは感情的満足を提供するのである。

一方、脱経済を目指していないということは、その問題解決のための代用となる「組織」を充てることもない。維新の目指すさらなる新自由主義社会では、例えば「都構想」を充てることになる。すなわち、すべてが都構想に従属する形になってくる。物理的なもののほかに、考え方、思想、すべてである。また、都構想と同じような改革モデルや事業パフォーマンスを打ち出し、これらも代用としていくことになる。経済が社会などほかの部分を従属的な位置にするのと同様、都構想は二重行政の解消による財政削減効果、意思決定の迅速化、組織のスリム化、自治体の収益など、すべて都構想に従属させることになる。

都構想は二重行政による無駄をなくすことができるし、意思決定も府と市でねじれることがない。一人の総統ならぬ一人の司令塔だからこそ効果が発揮できる。また、維新議員で議会の過半数を占めれば、独善的といわれようがスピーディーに行為を行える。二元代表制のねじれも解消できる。

それゆえ、都構想とは関係のないものも効果に組み込まれることになる。地下鉄民営化の効果、インバウンドによる効果しかり。一人の司令塔によるものだからこそ万博誘致に成功したことにもなっている。

これらは、維新が何でも自分の手柄にし、関係ないものまで盛り込んでアピールすると非難される。もちろんその通りだが、維新が目指す社会というものに「都構想」を代用している以上、そこに収斂されることになる。

国政政党の日本維新の会が描く経済成長戦略も同じである。都構想のように、主たるものはコストカットによる削減効果しかない。

現代産業社会の徹底した新自由主義化という奇跡はなるか

現代社会の徹底した新自由主義社会化、文化や精神的なものを廃止・削減し、無駄や非効率としたものを市場化や民営化していくことは、維新主義運動が目指す奇跡である。それは現代社会を新自由主義化することによって、不平等たらざるをえないグローバルな現代産業社会の維持を可能にし、かつ妥当なものにしようとする。

これは少なくとも、日本においては喫緊の課題だった。一九九〇年代後半には、日本はもはや現代資本主義を続けることが不可能になっていた。大阪などの地方は地盤沈下が激しく、企業流出も多くあった。

二〇〇〇年代に入った不況・不景気のどん底の時代にあっては、自民党は信頼を失い、期待された民主党は何ももたらすことができなかった。民衆は失望のあまり、混乱さえ望んで、グレートリセットなる言葉に魅了されるようになる。

大阪では、既得権益者とされる者への攻撃と、なりふり構わず「稼ぐ力」を求めた。だからこそ、稼ぐために中国資本を招き入れる。インバウンド頼みになる。西成区の中華街構想などが打ち立てられる。

そしてそれは、文化を無視することにつながる。無視するというよりも、そもそもそのような概念をもち合わせていないといったほうが正しいかもしれない。稼ぐために徹底した合理の世界を繰り広げる彼らは、この世のあらゆるものを「合理の世界」の一部として捉え「精神文化」のような概念はもち合わせていない。図書館という文化施設にもネーミングライツを販売する。

さらには、人間にとって最も畏怖すべき最も根源的な事実である死、根本原理や哲学上の扱いが最大の問題であった死についてさえ、計算可能なもの、物質的なものに転換する。

事実、仁徳天皇陵を見世物として電飾デコレーション化を図り、御陵を見下ろすために観覧車の設置なども企てようとする。世界遺産に認定されるために、人を呼び集めるために、あれこれ奇を衒ったものを考え出す。

彼らの中では、真正なものより、加工して稼げるものが良いとされる。また、ここにもタブーや禁断とされているものを犯そうとする維新理論が働いている。二〇二〇年八月現在では、仁徳天皇陵拝所前でバーベキューができるように計画されたり、ガーデンウェディングも計画に盛り込まれたりしている。

維新主義運動の本質とは何か

維新主義運動の政治思想が、いわゆる保守政党か日本でいうところのリベラル政党かとの問いは、その問い自体が間違っている。もちろんどちらにも属さない。維新主義運動は、既存の保守とされる政党、日本でいうリベラルな政党のいずれをも無効と断定し、それらを超えて合理と徹底した新自由主義の社会の実現を追求するのである。

維新主義運動は、自民党も共産党も、いわゆる既存のリベラル政党も、その他政党も敵視する。保守、リベラル、両者に対する同時の敵視という矛盾した点に、ばかばかしいながらも維新主義運動の本質が正しく現れている。

維新の第一歩は、恵まれた層の特権だった経済的・非経済的なものをつぶすことを約束するものだった。公務員の位置づけを「身分」と歪曲設定し、身分から普通の職業へと転換するという使命を課して公務員制度改革を叫んだ。また、政治家や議員を職業や家業で行っていると非難し、その破壊に乗り出した。そして、昔から感情的な議論で進められてきたものであるが、議員の報酬や定数の削減を謳い、大阪府議会議員の定数・報酬を削減した。

当然、維新の性質は「運動」であることから、削減はこれからも続くことになる。同時に、少数派ではなく中低層の多数派の権利保護とタブーに切り込むことを目指した。

維新主義運動による新自由主義化

新自由主義は、公共を民営に転換することを良しとする。こうして、市場の競争原理にさらされていない、安全な公共原理の上にいる者たちが競争世界の野に放たれる。

つまり、経済的に恵まれているとされる公務員など市場にさらされておらず身分職と認識されている彼らの既得権、贅沢な衣をはぎ取り、競争市場に引きずり出そうとする。経済的に恵まれない層は、自らは経済的あるいは社会的報奨を得ることはないが、少なくとも市場の危険にさらされていない公務員等を自らと同じ世界に引き込むことができると考える。実利はなくとも感情的な満足を得る。

自由競争や新自由主義の市場化が進めば、自らの職や生活も危うくなるが、そんなことは関係ない。なぜなら、もはや従来の経済や政策では、自身の生活は豊かにはならないことが明白だからである。

もちろん、そのような仕組みだけでは、現実の経済や社会的報奨の格差を補うことはできない。しかし、ルサンチマンともいうべきこの現実は相当程度に機能しているとみてよい。

維新主義運動による大阪都構想の実体

いわゆる大阪都構想は、統治論でも制度でもない。「運動」である。日本でこのことに気がついている人間はわずかしかいない。

ここで大阪都構想の虚偽や矛盾点などを列記しておく。内容は、大阪の議員や識者等が指摘しているものである。当然ながら、維新陣営はこの指摘について真っ当に反論できていない。これにより、「形態」「標語」「装飾」が先行する改革である大阪都構想がより浮き彫りになる。

虚偽と疑いだらけの都構想財政効果額の歴史的変遷

大阪都構想を目指す大きな目的の一つには、財政効果を上げることにある。まずは、その財政効果額の虚偽の歴史的変遷から見ていくことにする。

二〇一五年の統一地方選挙や住民投票において、都構想は初期投資に六〇〇億円かかるが、四〇〇〇億円以上の経済効果が出ると主張していた。しかし、大々的に自信をもって謳っていたにもかかわらず、それは嘘であった。以後、この効果額を口にすることはなくなった。少し遡るが、二〇一三年の日本経済新聞の記事では、効果額は九七六億円から七三六億円であろうと指摘された。主張している五分の一程度の効果額しかない。また、都構想の効果額は一億円しか出ないともいわれていた。

それでも効果額がでればいいのではないかと思えたりする。しかし、当然ながら問題はそこではない。財政効果の算出の方法が恣意的に行われていることが問題なのである。そして、それには都構想とはまったく関係がないものが含まれていた。

含まれていたというより、その関係のない財源に頼っていたことが判明する。地下鉄の民営化等によるものであった。また、二〇一七年に今度は正しい数字だとして、二七六二億円が示されたが、これも市有地の売却などを含むものであった。

二年後の二〇一九年一二月には、財政効果は一〇年で一・一兆円と発表された。嘉悦学園のレポートによるものである。しかしまたもや、大学教授ら多くの識者から粉飾だと指摘されることになる。

嘉悦学園のレポートとは、大阪市から「大都市制度（総合区設置及び特別区設置）の経済効果に関する調査検討業務」の依頼を受けて、嘉悦学園が都構想の経済効果を調査した報告書である。ちなみに、当初、大阪市が受託会社を募ったところ、手を挙げた者はなく不調に終わった。二回目の募集では、嘉悦学園の一者のみであった。

この報告書の内容には非常に多くの誤り等があり、杜撰で間違った経済効果の試算もある。経済効果一つをとっても、疑義が生じるというまがいものである。

ここで少し考察してみる。このように経済効果額が無茶苦茶であったり、効果があるとうそぶいたり、削減効果額がいとも簡単にコロコロと変わってしまうのは、維新特有の「不真面目さ」であるからと誰もがそう思っている。それはそれで正しい。しかし、そのようになるのはほかに二つ理由がある。

そもそも、あらゆることを都構想の財政効果に組み入れようとする理由は、都構想を実のあるものにしなければならないためである。どんなものでも活用して、手段を選ばず効果額を吊り上げようとする。それに対して、真っ当な人間はその粉飾ぶりを指摘する。しかし、維新がこのような行為をする理由はもう一つある。それは指摘する側も、そしておそらくは当の維新側の人間も気がついていないことである。それは、維新は新しい世界（世界観）を見せるために、新しい制度、新しい価値、新しい秩序として都構想を代用しているからである。だから、すべてのものが都構想に収斂されていくことになり、それに伴い効果額が変わっていくのである。

都構想という新しいものにより、地下鉄の民営化が実現でき、そのほかの民営化も進んで経済効果が上がり、市有地を売却することにより貨幣化して財政が潤い、二重行政がなくなり、意思決定が早くなり、インバウンドが増え、万博も招致できるようになったとしている。

新しい世界を常に見せ、常に発展しているように見せなければならない。だから都構想の効果額を構成する変数は常に変化し、また捏造されていくことになる。

虚偽に満ちた都構想の財政シミュレーション

二〇二〇年八月二六日の大阪市会都市経済委員会で、特別区移行後も収支が成り立つとした大阪府・市作成の財政シミュレーションについて、前田和彦市議が新型コロナウイルスの影響後の経済状況が反映されていない「ありえない試算」と指摘した。

大阪市が全株式を保有する大阪メトロは、新型コロナウイルスの影響により二〇二〇年四月から六月期の連結決算で営業利益が六二億円の赤字であった。（インバウンドが約九九％低下していることが影響している）。このため、大阪メトロは二〇一九年四月に出した中期経営計画も見直す方針を打ち出している。

しかしながら、先の試算では、見直す前の計画を基にしている。大阪メトロからの税収と配当は増え続け、二〇二六年度以降は現時点より毎年七一億円の改革効果が期待できると推定している。前田市議は「計画が見直されるのに、伸びていく数字を採用しているというのは理解できない」と批判している。

大阪メトロ側も当然、今後は未定としているにもかかわらず、松井市長は「非常に厳しい状況だが、業績は回復すると思っている。十分にシミュレーションは成り立つ」と反論した。

大阪市二四各区にあるプール（二四が九ヵ所に削減）、スポーツセンター（二四が一八ヵ所に削減）、福祉センター（二六が一八ヵ所に削減）、子育て活動支援施設（二四が一八ヵ所に削減）も順次、廃止・削減が想定されている。もちろん、この削減分も盛り込んでのシミュレーションである。

次は、川嶋広稔市議が二〇二〇年九月三日大阪市会で特別区設置協定書の承認等について反対討論した内容を引用しながら論じていくことにする。

都構想移行後の財政シミュレーションについて

将来の特別区が成り立つという唯一の根拠とされる財政シミュレーションに関して、重大な欠陥がすでに明らかになっていることは先ほど述べた。川嶋市議は改革効果額として、「子育て支援施設等の市民利用施設の廃止を前提とする一七億円」と、コロナ禍前に策定された「大阪メトロの中期経営計画をもとにした固定資産税と株主配当金の一七二億円」が恣意的に上乗せされていることを指摘している。財政シミュレーションではすべての特別区で「収支不足が発生しない」と記載されているが、上乗せ分を差し引くと収支はマイナスである。

そして、子育て支援施設等の市民利用施設を廃止する前提ということは、特別区になっても市民サービスは維持されると維新側が主張していることと明らかに矛盾するものである。

また、特別区という自治体の将来を一企業の業績によって成り立たせるようなひどく杜撰な考えに立脚していること自体が問題であることも指摘している。事実、コロナ禍において、大阪メトロの直近の決算では、二〇二〇年度の業績さえ見通しがまったくつかなくなっている状況である。

維新の会の常套手段

他方、松井市長は、特別区が地方財政制度の中で基礎自治体として十分に機能する、財政的に成り立つことを総務省が認めているかのような発言をした。

これは協定書に対する総務大臣の「特段の意見なし」という回答を踏まえてのことだが、平成二七年五月一二日の参議院総務委員会において、高市早苗総務大臣は明確に「財政効果については、この協定書案には含まれていない」「総務大臣の意見の対象でもない」と答弁し、今回の「特段の意見なし」に合わせて出された総務大臣コメントでも、「特別区設置に関する判断をするものではない」と断言している。このような事実に基づかない誤った認識と主張で市民を惑わすことは到底許されるものではない。

しかしながら、このような行為がまかり通り、大問題とならないところが、政治的倫理やモラルが崩壊していることを意味している。

住民サービスが低下する恐れ

「特別区設置の際は住民サービスを維持する」と協定書には記載されているが、制度的には、今の住民サービスが維持されるのは、特別区の設置時点、つまり二〇二五年一月一日でしかないことが確認されている。つまり、期限付きの前提だったのである。さらに驚愕することに、住民投票期間中に、維新陣営は「特別区設置の際、住民サービスは向上する」という言葉に変更して街頭宣伝活動を行っていた。

都構想の大きな柱の一つが「ニアイズベターの実現」である以上、選挙で選ばれた区長・区議会の下、住民に近い基礎自治体として、地域の実情に応じた施策を展開し、独自色を出していかなければ意味がない。しかしながら、すべての特別区における財源と職員体制は極めて脆弱であり、コストの負担も大きく、明らかに財政運営に響いてくる。

限られた財源の中で、区長が独自の施策を進めるためには、「優先順位付け」や「選択と集中」を進める必要がある。そのため、例えば、子育て支援に力を入れようとすれば、高齢者支援を縮小するなど、施策や事業の転換を図っていかなければならない。

そもそも特別区の事務は、基礎自治事務に限定されるため、歳出は扶助費や公債費といった義務費の割合が大きくなる。財政の硬直化が進めば、政策選択の幅は狭まる。

本来なら軽々しく「サービスが維持される」など宣伝できるような状態にはなく、むしろ、特別区ごとに住民サービスは異なると強調しなければならない。さらに、サービスを支える職員数も財源も精緻に積み上げられたものではなく、まさに、実態に基づかない机上の数字に過ぎない。

財政調整制度の問題について

特別区に移行したときに住民サービスのレベルを維持できるのかを確認するためにも、地方交付税制度に基づいて、特別区ごとの基準財政需要額を示すべきだと何度も川嶋市議らが主張してきたが、維新側からは示されない。

そもそも地方交付税制度に基づく国からの交付税は、府市合算方式によってすべて大阪府に交付され、直接特別区には交付されない。つまり、特別区の財政に対する責任は、国ではなく、大阪府が責任をもつことになる。

しかしながら、大阪府が確実に基準財政需要額を保障する根拠と責任が明確に示されていない。これでは、大阪市民が不利益を被ることが明らかになっている。大阪市を四つの特別区に分割した際に、特別区の実際の基準財政需要額が膨らんだとしても、財源保障されないことが、都区制度の最大の問題点である。

移行までのプロセスの問題について

議会の各委員会で大阪市存続派の議員が質疑をしたが、特別区の職員体制や、特別区移行までのプロセスを取りまとめた工程表が、関係局の意見をほとんど聞かずに、副首都推進局の独断でまとめられたことが発覚した。

また、特別区に移行した後、具体的に住民サービスがどうなるのかと尋ねても、「協定書の趣旨を踏まえ、移行準備期間中に検討する」と丸投げされていて、何一つ確かなことは決まっていないということも明らかになった。

住民投票で多数となって、二〇二五年に大阪市が廃止され特別区が設置されるといっても、万博とも並行しながらの移行準備になる。まさしく形態（外の殻）が先行し、中身を伴わない改革が進められようとしている。

行政が発行する広報の問題について

都構想の確立・発展を目指す部署としてつくられた副首都推進局の広報は、もはや都構想のプラスの面だけを強調する広告宣伝部隊と化している。

ここで少し広報と広告の違いを説明する。広報とは、客観的事実に基づいて報じるものであり、誰かの利益になることを目的とするようなものではない。新聞紙では、「記事」として掲載される。一方、広告とは、広告主に有利・便益となるように、読者や視聴者に訴求することである。新聞紙では、主に記事の下などに掲載されるものが「広告」となる。

広域行政と基礎自治行政を一体的に処理する大阪市を廃止することのマイナス面は計り知れない。だからこそ、大阪市民が適切に判断できる材料を誠実に示すべきであるにもかかわらず、副首都推進局の広報は、都構想賛成へと導くための極めて恣意的な広告宣伝となっていて、中立・公平性を欠いている。

財政総務委員会での都構想に係る広報のあり方について質疑が交わされた際にも、副首都推進局長は、「都構想の実現がミッション」「松井市長の掲げる都構想実現を目指すのが役割」と明言してしまっている。市職員は市長や維新の会ではなく、市民の奉仕者とならなければならないにもかかわらず、このような発言をする。

都構想の実現をミッションとする広報に、中立性や公平性、客観性はない。あってはならない広告宣伝になっており、市が発行するプロパガンダですらある。住民に適正な判断ができないどころか、一方的にミスリードさせている。事実、市特別参与の清水柾行と株式会社電通出身で大学教授の山本良二らは、大阪市の広報紙は広告になっており、表現を修正するよう再三指摘している。

川嶋市議は、ほかにも問題が大量に発生することを指摘している。例えば、警察は大阪府の事務であり所管エリアも大阪府、税負担も意思決定も大阪府民が行うが、市町村事務である水道や消防については大阪府に移管されても、所管エリアは大阪市のままで、その費用や税負担は特別区民の市町村税などが充てられる。にもかかわらず、水道や消防の行政サービスを受けていない特別区民以外の人が、そのサービス内容の決定に加わることになり、明らかな「自治権の侵害」という重要な問題を指摘している。

さらには、大規模公園や博物館など、大阪市の資産と事業が大阪府に移管されるにもかかわらず、その事業には府税ではなく、市町村税が充てられることによって、特別区民が税の二重負担を強いられる問題もある。

ほかにも、厚生労働省の発達障害支援センター補助金の課題や、一部事務組合の設置など国との協議が口頭で済まされていることや、協議内容が双方の文書で取り交わされない問題など、枚挙にいとまがないと指摘している。

アフターコロナの大阪都構想

経済のあり方、個人の人生観も含めた価値観までも含めて大きく変容したアフターコロナの社会では、新たな社会システム、経済システム、そして新たな行政システムが求められることになる。中長期的には、インバウンド頼みの成長戦略に重点投資を行うのでなく、地に足のついた技術革新による経済成長や、雇用や生活困窮問題、中小企業の事業継続のための支援など社会政策に重点を置かざるをえない。さらには、感染症対策や大規模自然災害を含めた危機管理に対して万全の備えをすることも求められる。

新型コロナウイルス感染症によって大阪都構想が前提としていた社会は、大きく変容している。

東京の特別区と同じであるという幻想

維新は、大阪の特別区が東京の特別区のようになるかのような誤解を与えているが、東京の特別区とは明らかに異なる。東京の特別区は、戦時中の一九四三年に国によって東京府と東京市が廃止され、東京都と特別区になった。戦後、特別区は「自治権拡充運動」を展開し、長い歴史を積み上げて「基礎的な自治体」としての権能を獲得してきた。

このような東京の特別区の歴史から翻ってみると、大阪市がやろうとしていることは、正反対の「自治権放棄運動」といえる。東京の場合は特別区への移行主体や制度的な担保の責任は国にあったが、大阪の場合は、地方議員の判断ののち、主権者たる大阪市民による住民投票によって「自治権の放棄」が決定される。国や大阪府にはその責任はない。

また、地方交付税制度におけるナショナルミニマムを誰が保障するのかということについても大きな違いがある。東京都の場合は地方交付税不交付団体であることから、特別区に対しては、国基準以上のものを東京都が保障をしている。

一方、大阪の場合は大阪府も大阪市も交付団体であり、特別区は大阪府の財政に依存することになるが、特別区のナショナルミニマムを大阪府が保障してくれるのかはまったく不明である。交付税を調整財源に含める時点で、論理的、制度的に破綻している。

同種の施策

最近、もっとわかりやすい例えがでてきた。第四章でも触れたが、新型コロナウイルスがもたらした社会的混沌において誕生した「大阪モデル」である。

新型コロナウイルスの影響による活動自粛、商売の制限、生活の不自由など、人々への社会的抑圧が発生した。これにより政府・自治体の支援もあったが、人々は進学や就職を断念せざるをえなくなったり、計画していた人生設計が狂い出したりした。また、収入を失い、職も失った者もいる。

いつ終息するかわからない、いったん収束したとしても、第二波が来た。第三波も来た。第一〇波の襲来もあるかもしれない。この混沌とした事態は、耐えられない状況となり、人々は失望する。混沌や混乱に耐え、脱出口が見つかることを望む。光がさす出口が見つかることを祈る。

つまり、この状況は社会が完全に壊滅する状況と同等でないにしても同様にあり、次の新しい秩序へ移るためには、旧秩序の出口（新秩序の入り口）が必要になる。

ここで吉村知事は大阪モデルなる出口を示した。しかし、予想通りというか予定通り、この「大阪モデル」は中身がなく、指標や数字は適切な根拠に乏しい。まさしく、形態と標語と装飾だけが先行するだけのものであった。

事実、すぐに基準が見直されることになる。さらに、学者・識者からは多々間違いを指摘された。後に、再度見直しを行うことになるが、見直しの理由は学者・識者から指摘されたからではない。真摯な見直しで訂正したものではなく、はじめから恣意的な操作であることが証明されたのである。

ノーベル生理学・医学賞を受賞した山中伸弥教授は「大阪モデル」の基準を、結果を見てから黄色にならないように変更することを問題として取り上げた。「結果を見てから基準を決める。科学でこれをすると信頼性が揺らぎます。この報道が本当であれば、大阪府の対策が、科学から政治に移ったことを意味します」と指摘した。

これを正確に指摘し直すと、初めから内包していた恣意性に移ったということである。しかし、失望した民衆は出口とそこから射す光に希望を見る。見えなくとも見ようとする。

第八章

奇跡か蜃気楼か

敵対と協調

維新主義運動の社会観は、戦闘（敵をつくってはつぶす行為と既存のものを破壊する行為）を正当かつ至良のものと位置づけないかぎり幻想に終わるが、その悪魔との戦闘における個々の人間の位置と役割が、社会そのものにおける位置と役割になる。

したがって、維新の社会的、政治的立場が、民衆が求める人間観としての「英雄人」の概念上に構築されているのは当然である。

また、「英雄人」や「タブーを破る英雄人」なる人間観には、戦いを前提とする以上、当然、「犠牲者」も発生することになる。

社会そのものを否定する

ところが、社会そのものに対して、「英雄人」はいかなる目的も意味ももたらすことができない。それどころか、犠牲の正当化は社会を否定し、社会を破壊する。ここでいう「犠牲」とは、敵の設定によって戦闘行為に入るため、被害を受ける者をいう。「敵」が公務員や議員、既得権益者として維新に認定された団体等の場合は、「犠牲」は実感するほど大きな存在にはならない。死ぬこともない。

しかし、「二重行政をムダ、公共事業をムダとして敵と設定し、つぶす場合」は、市民サービスの不足により、人々が知らないうちに（本当は知っておくべきだが）犠牲が払われることになる。

日本国内の政策や事業に限るなら、まだ犠牲者も少なくてすむかもしれない。しかし「敵」の設定が永遠に続く以上、その対象と範囲は必然的に広がることになる。やがて「敵」の存在は外国、外交も対象となる。つまり、身近なところでいうと、尖閣諸島や経済制覇を狙う「中国の覇権」、ミサイル発射や拉致事件を犯した「北朝鮮の横暴」、非礼の枚挙にいとまがない「韓国の蛮行」といったものと安易に結びつくようになる。いいかえれば、本物の戦闘＝戦争によって犠牲が出る可能性も否定できない。

ここで、地方自治レベルの話から国家レベルの外交・安全保障の話までを続けることは、飛躍していると思われるかもしれないが、そうではない。なぜなら、維新は「敵」を設定し続けなければならない内部力学から終わりはない。失敗するまで続く。公務員、二重行政、教育委員会、総務省との戦いが終わっても、次から次へと発生させなければならない。

そして何より、何度も繰り返すが、丸山穂高や森夏枝の発言がそれを証明している。これはまさしく、戦争で解決するという「人間の死の犠牲」が必定となる。この「犠牲」をもってして、「タブーを破る英雄人」になり、長年の課題を解決しようとするのである。現時点でもその兆候が現れていることから、地域政党だけではなく国政政党の「日本維新の会」がその勢力を伸ばせばもっと浮き彫りになる。

ここで、森夏枝衆議院議員の国会での質疑を紹介する。

森夏枝の問題質疑

二〇一八年一二月に策定された「防衛計画の大綱」と中期防衛力整備計画に関する質疑が衆議院本会議で行われた。日本維新の会・森夏枝議員がサイバー攻撃について「専守防衛の適用除外にすることを検討すべきではないか」と訴えた。内容は次の通りである。

「サイバー分野については気がかりな点が多いと考えています。日本は専守防衛を国是としています。しかし、サイバー攻撃を受けた場合はダメージが大き過ぎるため、反撃することができないケースが考えられる。通常戦力の場合のような、抑止力に当たるものが存在せず、攻撃した者勝ちとなります。サイバー攻撃の分野において、専守防衛という姿勢では国民を守ることができないことが想定されているわけです。この分野においては、専守防衛の適用除外にすることを検討すべきではないかと考えます[*1]」

と述べ、「敵基地攻撃能力をもつ精密攻撃ミサイルの保有」も提案した。国会内には唖然とした空気が漂った。

この重大な問題発言について、反維新陣営は、森個人と日本維新の会に対して激しく非難し、個人だけでなく、政党としての資質も質した。丸山の場合とは違い、国会での公式の発言でもある。

おそらくは、当の維新の会自体も森の発言に理解もしていないし、迷惑もしていることだろう。「居酒屋で話すようなレベルのものを国会で質疑しやがって……」と思っているかもしれない。また、「そのようなバカげたことにつき合うつもりはないし、維新の会総意の考えでもないので、実現するわけがない」と思っている。世間の見方も同じであろう。森夏枝本人にしても、ただのいきり立ったパフォーマンスを行っただけで、それ以上は何も求めるつもりはなかったであろう。

しかし、維新側の人間も、反維新側の人間も、全員がおそらく問題の本質を理解していない。ほかの野党は、森の発言を「武力行使容認の先兵だ！」などと非難するが、問題の本質はそこではない。

この質疑内容の問題の本質は、これまで散々述べてきた維新の信条と維新が求める、また求められる人物像「タブーを破る英雄人」に通じている。森の質疑はこれと同一線上にある。

そして、世論の動向次第でこの線上にあるものが実行に移される可能性は十分にある。最も重大なことは、維新自身が歩みを止めることができないので、必ずぶち当たることになるということである。

維新議員の問題発言・行動が多すぎるあまり、逆に維新の真の問題の本質がわかりにくくなっている。何回も述べるが、私は、彼、彼女らのバカげた発言を一番の問題にしていない。危険なのは「抗しがたいもの」「正論的なもの」が振りかざされれば、誰にでもそれに同調する考えが現れる可能性があるからである。現時点で丸山や森の意見に賛同していない者でも、相手国の態度や情勢の少しの変化をもって、賛同に転じる可能性は十分にある。

地方政治や国政にかかわらず、物事の大小にかかわらず、「戦闘行為」と「タブーを破る英雄人」を続けている限り「犠牲」は必ず存在するものとなる。

人間個人が危険に生きることは別段問題にならない。しかし、社会は何よりもまして危機に陥ることなく継続できなければならない。

維新主義運動は、閉塞感という厄介者を退治し、未来への期待感をもたらす。戦闘の合理性（おさらいとして書くが、戦闘の合理性とは、敵をつくってはつぶし、また新たな敵を無理矢理つくっては、つぶしていく行為。また、コストカットによる削減効果を行い、必要なものまでもカットすることである）も明らかにした。

しかし、戦闘の合理化は、社会そのものを無意味なもの、あるいは最低限度のもとし、物質的ではなく精神的なもの、余裕をもたらしているとされる市民サービスや文化・芸術をも抹殺する。非常事態や万が一の大惨事のために経費を維持するのはムダとして医療機関体制も縮減しなければ成立しない。

したがって、維新主義運動は戦闘の合理性を社会の領域まで拡大することができない。そのため奇跡を起こすことができない。

戦いの行方

維新は経済効果も何も生み出すことはできない。あるのは削減効果だけである。効果を導き出せるのはそれだけである。だからそれを続けなければならないが、無理矢理のコストカットやリストラは必ず犠牲が出る。このような状況では、維新が採る道は一つしかない。すべてをほかの者のせいにすることである。

維新主義運動によって問題を解決し、目標を達成することのできない矛盾は、外部の脅威たる敵のせいである。既得権益者や閉塞感との戦いは、目に見える特定の人間や勢力との闘いに代えなければならない。

維新主義運動は、社会的理由によって戦闘行為を進めているにもかかわらず、自衛のための戦闘を徹底して進めるための口実として、敵の存在を必要とする。

二〇二〇年初頭、新型コロナウイルスにより大阪の医療機関不足が露わになったが、その原因は維新による徹底した医療リストラにあった。しかし、引き起こした医療崩壊をほかの問題にすり代えて責任転嫁する。減債基金を取り崩し、府の財政を滅茶苦茶にしたとして、元大阪府知事の太田房江の時代に責任を転嫁する。

医療リストラについて橋下はツイッターで軽い謝罪をしたが、それを意図的には組織化されていないが自然発生的なツイッターのフロント組織が暗黙の反撃命令を受ける。

あるいは、休業要請に従わないパチンコ店に対し、店名を公表する。これも「タブーに切り込む英雄人」からして当然の行為である。強権を発動するリーダーである必要がある。次に、どうしてもパチンコをする人間が話題となる。彼らの中にはギャンブル依存症の者もいるが、カジノ誘致の積極的立場である維新は、そのギャンブル依存症の問題もほかの問題にすり替えようとしている。パチンコ業界のグレー規制を見直そうと動く。このようなことの繰り返しである。

新しい秩序（維新における新しい秩序とは、都構想と二重行政の解消による経済効果、一つの意思決定権者の実現など）を創造しえないことが明らかとなれば、あるいは、都構想が想定していたものより、財政効果が上がらず、良いものではなかったことが明らかになれば、特定の人物・団体への攻撃による自己の正当化が唯一とまではいかなくとも主たる行動規範とならざるをえない。まさに、敵との闘いこそ唯一の目的とされるのである。

維新主義運動によれば、彼らは並みの敵ではない。既得権益者、公務員、共産党、自民党大阪府連、ときに公明党、れいわ新選組、その他の野党、反維新の大学教授・ジャーナリストたちなど、敵をつくることに終わりはない。

本書の第一章でも記したが、ドラッカーは、ナチス（支持者）の本当の敵はユダヤ人ではなくブルジョア秩序であったという。また、マルクス社会主義についても次のことがいえた。

マルクス自身は、資本家は悪魔ではなく中性的な経済的要因の一つにすぎないと説いた。しかしマルクス社会主義も、つまるところは資本家を悪魔として位置づけた。*2

既得権益者の化身としての自民党大阪府連

ここにおいて、自民党大阪府連、太田房江元知事、平松邦夫元市長などは、いかなる説明も抜きにして、大阪に合理を回復し維新主義の社会を正当化するための有効な悪魔となる。自民党大阪府連、太田元知事、平松元市長などへの攻撃は、まさに維新主義運動の力学と理論を示しているがゆえに、徹底した分析を必要とする。しかも、それは今日最も理解されていない部分である。

維新の自民党大阪府連や反維新陣営への罵倒は醜いものとしても、それは単なる事実の報告、非難にすぎず、何の説明にもなっていない。不景気、大阪の地盤沈下、企業の流出など豊かにならない生活などの原因を直近の大阪の政治家に、公務員に、首長に背負わす。悪の権化と認定する。

こうして自民党議員などの仮面を剝ぎ、既得権益者、大阪の低成長、大阪の地盤沈下を引き起こしたという魔物たちを生み出す悪魔であることを明らかにし、あらゆる罵りをもって攻撃することが当然のこととなる。

だが、維新が大阪での実権を握ってから一〇年ほど経つが、大阪は成長はしていない。二〇一一年から二〇一六年の実質経済成長率は、おおむね全国平均を下回っている。県内総生産では二〇一三年度から愛知県に抜かれ、全国三位になっている。

本当の敵とは

維新が大阪で政権をとって以来、橋下や維新については何十冊もの本が出ている。しかし、それらの多くは問題の本質とは関係がない。

維新の本当の敵はどうであれ、悪魔の化身を発見したからには、それら悪魔の化身との闘いには容赦なきことが求められる。

したがって、維新の会と自民党大阪府連との間には、恒久的な平和どころか、一時的な停戦すらありえない。地方議会において、維新と自民党が同じ会派（グループ）を組むことは、維新側からしてありえない。なぜなら、敵対関係を継続しなければ、自分たちの存在意義が失われるからである。敵を自分のものとして吸収するわけにはいかない。

つまり、和解不能な敵が常に存在しなければならない。維新の会は、常に支えてくれる団体や援助してくれる既得権益団体がなく、自らの基本的かつ真っ当な主張が侵されているように見えなければならない。常に、他党や既得権益者から攻撃されているように見せなければならない。

自民党攻撃の「最終解決」

維新による反自民党姿勢、太田元知事、平松元市長への攻撃が終わることはない。よく、「維新はいつまで他人のせいにするのか？」と言われるが、運動をしている以上、いつまでも他人のせいにする。上手くいかなければ過去のせいにするしか道はない。誰かのせいにしなければならない。

自らの理想とする都構想を止めるわけにもいかない。都構想の住民投票は勝つまでじゃんけんと例えられる。住民投票で大阪市の解体・特別区の設置が決まれば、次は堺市、周辺市へとその触手を伸ばす。その手始めは、維新系首長がいる隣接市の守口市、門真市かもしれない。グレーター大阪が完成したとしても、終わるとは限らない。次なる運動をつくり出さなければならない。自らを正当化することが必要かつ重要になればなるほど、維新主義運動は新しい悪魔、既得権益者、抵抗勢力を見つけなければならない。

なぜ粗暴になれるのか

維新の「敵と戦い続ける」という信条は、当然選挙のときにその本領を発揮する。相手候補を強く非難、罵ることができ、嘘の情報までも使用する。

一般の認識では、「維新議員等は程度が低い」「ものごとがわかっていない」というものや、第二章でも述べた維新に対する一般説「維新主義運動は人間のもつ野蛮性、攻撃性の発現である」という見立てである。もちろんそれらもあるだろうが、しかし、この問題の本質は次の二点である。

まず一つは、維新の主張が「絶対・優越」であることにある。第二章でも示したが、自分たちの考えが絶対・優越であることから、相手を強く非難できる。嘘や野蛮行為、挑発行為をしても、自分たちは正しいこと、良い社会、良い大阪をつくるためにしていると認識している。同時に、維新に賛同している圧倒的な世論が、それを支えている。そして、昔と違いメディアも支持してくれるようになった。維新側は、ほかに選ぶべき道はない、選択肢はない、対案というものもない。だから「絶対・優越」なるものであると考えているし、信じている。

もう一つは、意識的にか無意識的にかどうかは別にして、民主主義をバカにしているからである。今度は違う事例を挙げる。二〇一九年六月の堺市長選挙において、堺市の維新の会議員団も議会で賛成した事業なのに、それを隠して無駄な公共事業として批判していた。議会軽視というよりか無視である。彼らは、有権者は議会での出来事などは知らないと高をくくっているか、本当にバカなのかどちらかに基づく行為である。

ただ、ここで断りを入れておかなければならない。維新の会の全議員が粗暴というわけではない。比較的新しい議員の中でも粗暴でないものもいるし、特に古参議員においては、ほとんどが粗暴な行いをしない。不祥事も起こさない。しかし彼、彼女らは、思考を停止し、黙殺している。

民衆の鼻息をうかがう

維新主義運動とその信条の本質からして、民衆に積極的な満足を与えなければ、いっそうの否定が必要になり、自分たちが正しいことを証明しなければならない。

しかし、民衆が乗り気でないようなものを加速化するなどということはありえない。**全体主義政権においては、民衆の意思に反して何かをするということはありえないのである。**つまり、維新のリーダーは自民党や既存野党よりも、民衆の鼻息をうかがっている。

事実、都構想が下火になった時期があった。二〇一五年の吉村現大阪府知事の大阪市長選での選挙公報では都構想についての記載がない。永藤英機は、二〇一七年の堺市長選挙でも二〇一九年の堺市長選挙でも都構想を封印した。二〇一九年の大阪クロス選（知事・市長選）では、テレビ番組で「当選したらコレやります」というテレビ局側の問いに、松井は都構想関連の政策ではなく、まったく別のものを提示した。

信条ではなく戦闘行為・事業モデルがすべて

つまるところ、戦闘行為、事業モデルそのものが自らを正当化する社会的秩序であるとしなければならないのである。

社会的パフォーマンスの外殻はあらゆる社会実体に勝る。容器としての形態、つまり文化的なお城や天皇陵のイルミネーション・電飾デコレーション化、御陵を見下ろす観覧車の設置、空飛ぶクルマの実用化こそ最高の社会実体である。こうして社会的・事業的パフォーマンスが信条そのものとなる。

大阪の印象を聞かれて「御堂筋のイルミネーションが綺麗だった」「大阪城がライトアップされて綺麗だった」「大阪城公園にフードコートや商業施設があり便利だった」と答えた老夫婦やカップルをバカにしてはならない。なまじの論文よりもよほど維新主義運動の本質をついている。

維新主義運動においては、装飾をほどこし、文化財がテーマパーク化される。事業モデルとその見せかけの精巧、それ自体が目的と化す。自然的、文化的な有益性は二の次にもならない。

歴史の継続と断絶

もし今日の我々の時代を、歴史の継続性の視点から見るならば、新しい秩序が必ずや出現するであろうことは自信をもっていえる。

ドラッカーによれば、西洋において歴史的規模の断絶は、一三世紀と一六世紀、二〇世紀初頭に崩壊しているという（比較的小さい規模の断絶は、四半世紀から数十年間で発生している）。いずれの時代においても、歴史の継続や新しい秩序の出現は誰の目にも見えていなかった。

また、いずれの場合も、秩序の崩壊はそれぞれ「宗教人」「知性人」「経済人」なる概念の崩壊に起因していた。それらの概念は、まさにその人間観が社会の中心に位置づけていた領域において自由と平等を実現できなかったとき崩壊した。

現在の人間観の崩壊としては、経済人の崩壊であるとともに「自由」を放棄したがっている時代になっていることが考えられる。ここでいう自由とは、ドラッカーのいう自由、「責任ある選択の自由」のことである。

これはただでさえ煩わしいのに、今の豊かでない不況続きの社会において、経済的自由は人々にとって経済的な不安定をもたらすだけである。

貧富の格差、学歴の高低、生涯年収の多寡の違いについては、生まれ育った家庭環境にもよるが、究極的には自己責任論が叫ばれる。しかし、大半の人間はそれらの獲得に求められる、知識、技能、コミュニケーション力、その他能力が高いわけではなく、仮にそれらを備えていたとしても前時代と違い、頑張っても報われない社会構造になっている中では、どうすることもできない。

このような状況では、どのような仕事を選ぶかとか、結婚するかしないか、結婚したとして子どもを何人産むかについて、選択肢は多くない。あるいは、そもそも選択すらできない時代になっている。

つまり「選択する自由」を放棄している状態と同じである。結婚するかしないかを選ぶのではなく、そもそも低収入のため自分自身しか養えない。さらに親あるいは兄弟姉妹の介護を抱えているため結婚しない、仕事をする場所や時間帯も限定される、ゆえに仕事内容を選べないという選択肢しかなければ、そこに自由（選択できる自由）はないことになる。

経済的自由は自由をもたらさない。選択できる自由もない。今の時代、民主主義も機能しているとはいいがたい。政治に参加できる唯一の選挙権の行使も機能しているようには思えない。自由を失っているからこそ、権力者や指導者の下で、その信条が決定してくれる全体主義運動に傾倒するようになる。

「新しい秩序が出現するまでの転換期の時代は、まさに今日のように混沌、恐慌、迫害、全体主義の時代とならざるをえない」[*3]とドラッカーはいう。

「経済人」の社会が崩壊したあとに現れる新しい社会もまた、これまでの秩序と同様に自由と公平を実現しようとすることになる。

その未来の秩序において、人間の本性のいかなる領域が社会の中心に位置づけられることになるかはわからないが、それは経済の領域ではないことは確かであろう。ところがこのことは、その新しい秩序が経済的な公平を実現できるということを意味するのである。

過去、ヨーロッパでは経済が地位と豊かさの基盤となったとき、初めて民主的な自由と公平が可能となった。同じように、経済的な公平が社会にとって最も重要なことでなくなり、新しい領域における自由と公平が新しい秩序をもたらすとき、初めて経済的な公平が可能となる。

＊1　二〇一九年五月一六日衆議院第一九八回国会本会議における発言より引用

＊2　P・F・ドラッカー著・上田惇生訳『「経済人」の終わり』p.54より引用（2018年第6刷、ダイヤモンド社刊）

＊3　同著p.221より引用

終章

本書において、維新のありようを全体主義運動になぞらえたのは、その組織内部理論と力学の端々に全体主義の要素が見られるからである。もちろん部分的であることから、維新は完全な全体主義ではない。しかしながら、「敵」の設定の運動を止めることができない以上、全体主義運動の一つの症状を呈している。

維新主義運動に対抗するために

全体主義運動がこの世に誕生した二〇世紀初頭のドイツは、暗黒・絶望の社会であった。民衆には食べるものがなく、衣服も満足にない悲惨な生活を送っていた。社会が良くなる見込みはなかった。

このような時代と、今の時代の、しかも現時点では一地方の出来事を関係づけて論じることができるのかという疑義も私にはあった。前時代と現代の社会の問題を同等に扱うことは、ほとんどすべてにおいて難しい。現代日本の貧困問題にしても「相対的貧困」という言葉が示す通り、前時代のそれとは大きく異なる。

しかし、社会の問題の本質は同じであると考える。全体主義運動へと傾斜する要因についても、物事の大小、今昔には関係がないと断じることができる。

そもそも、自由（責任を伴う「選択する自由」）は厄介である。民主主義を自ら獲得した国の民衆においても、自由の厄介さはほぼ同じであるとドラッカーはいう。責任を伴う「選択する自由」より、誰かに決定してもらうほうが楽でもあるし、安心もする。責任放棄の言い訳もできる。ましてや、ますます複雑多様で高度化する現代社会においては、自分で物事を判断するには大変な労力と作業が必要となる。

また、日本人は個人で意思決定するということには適していないといわれる。ほとんどの人間が「各自で意思決定してください。独自で決定してください」というような選択を望んでいないといわれる。加えて、日本人は平等は求めていないが公平を求める。公平と平等は異なる概念であり、日本人を無理矢理に平等の世界にいざなうのは難しく、公平（垂直的公平）な社会であることを望むといわれたりする。

これには様々な理由があるだろうが、日本は歴史上、自由・平等を民衆の力で手に入れたことは一度もない。明治の近代国家の幕開け、また戦後においても「与えられた、もしくは強制されたことによる民主主義の実現」であった。それ以前は連綿と続いた封建社会であり、お上に従う性質であった。日本人が平等より公平を望むのは、自ら民主主義革命を起こしえなかった我が国の伝統的なものとも考えられる。

このようなことからも、日本という国は全体主義に陥る可能性がないとすることができない。断っておくが、日本の近代史において、いわゆる軍事ファシズムや大政翼賛会が実在したことをもって直ちに日本が全体主義になりやすいというものではない。

我々が全体主義的なものに打ち勝つために必要なのは、大阪都構想の対案でもなく、大都市制度の改革でもなく、もちろんそれらの組み合わせでも、非難でもない。新しい社会を構築できるかどうかにかかっている。新しい社会基盤があり、その上に政治があり、議会がある。地方議会も地方の政治も新しい社会の体系の中で克己される（継続と変革の克己）。

二〇二〇年一一月の住民投票で、維新の会が推し進めようとする都構想の実現は絶たれた。しかし、維新主義運動そのものがこの世から消え去ったとしても、我々は維新に打ち勝ったことにはならない。我々は、前向きな信条をもち、次の社会の体系の中で必要になる社会基盤の構築と、その中に内包される社会機関、政治、経済を構築しなければならない。もちろんこれらは、イデオロギーはいうに及ばず、観念、イデアから成り立つものではない。

また地方議会にしても、その他ＮＰＯや社会に関わる団体にしても、市民が社会に参加でき、機能できる、コミュニティの要素をもてる社会的アクターの構築ができるかにもかかっていると考えられる。これからは、経済ではなく社会中心の社会にならざるをえないと考える。

政治と社会の書

ドラッカーの思想の原点はナチスドイツに対抗するために、組織社会を築くことにあった。ここからすべてが始まった。

完成されつつあるナチスドイツの社会。産業中心で、技能・知識をもつものが上方に行ける社会。軍隊という社会において、すでに産業社会のあるべき組織のありようを体現させていた。

第一次大戦の時代、ほとんどの国における軍社会では、封建社会の香りを残していた。出自等で地位や序列が決められていたりした。敵方のエースパイロットを撃墜させた際には、敵戦士であっても敬意を払い丁重に弔うような騎士道精神もあった。

それらは第二次世界大戦時の頃には忘却の彼方へと消え、ナチスドイツが新しい最先端の社会を築いていた。

ナチスへの忠誠のほかに、軍事や機器等に関する高い知識技能や能力を有する人間が出世し、組織の長になれた。このことは企業に置き換えると、工場長や部長になることと同義である。何ももたない一兵卒は、組織された工場生産ラインで、指揮命令を受けて働く単純労働者である。

ナチスは絶望の淵にあったドイツ社会を蘇らせた。完全失業率をゼロパーセントにした。アウトバーン（高速道路ネットワーク）を建造した。国民車構想を打ち立て、実現させた。今では当たり前だが、週休二日制・一週間四〇時間労働を企業に求めた。社員食堂の導入も実現させ、福利厚生にも力を入れた。国民の生活は豊かになった。海外旅行にも行けるようになった。

経済至上主義社会が終わり、ブルジョワ資本主義社会でもマルクス社会主義社会でもなく、次の社会をナチスは完成させつつあった。

これに対抗するために、ドラッカーは組織社会における「企業」にその可能性を見出した。産業社会における企業に、人々のコミュニティと位置と役割を与えることができると見た。

ただし、成功とするにはそれを永続させていかなければならない。でなければ、社会に混沌をもたらしてしまう。そのために、企業を変化させながら継続し、機能できるための方策を探求して、マネジメントが開発された。

ドラッカーは企業経営の神様と呼ばれ、『現代の経営』『創造する経営者』『経営者の条件』『マネジメント』『イノベーションと起業家精神』『非営利組織の経営』など、経営・組織（マネジメント）系の名著を世に出し続けた。

地方政治にもこれと同じことがいい当てられる。人々が政治的狂乱に巻き込まれないためには、日常から社会に組み入れていけるようにする必要がある。企業を一つのコミュニティとし、人間に位置と役割を与えることができる存在としたことと同じように、NPOなどの社会アクターの発展、深化が重要となる。地方議会では、地域政治に詳しい江藤俊昭教授が提唱するような、一つのフォーラムとして機能させていく必要もある。

企業がマネジメントにより機能し、時代とともに社会全体に無数に誕生していったことと同様に、議会もマネジメントされ、またほかのNPOも人々に位置と役割をもたせるアクターにする。このことが、社会参加する住民にとって意味あるものになると考えられる。

一人ひとりの住民やNPO等のコミュニティ組織が声を上げ、意見をいい、地方行政や地域社会のことを学び、市民学ともいえる知識を身につける。これにより市民はフォーラムとしての議会、NPOというコミュニティを得て、文字通りの市民性を回復し、社会の位置と役割を得る。

このことが、あるとき突然の風やブームによって起こる政治勢力に対抗できる、あるいは、その発生を抑制できるきっかけにもなると考える。そのためにも、地方の議会はどのようにして機能向上するか、そのような観点からの研究も必要になる。

地方議会の研究は、ドラッカー流の未来観測を用いれば、より一層重要になる。それは、多元化していく社会において、ますますNPOが誕生してくることにある。NPOについて、ドラッカー晩年の著書『ネクスト・ソサエティ』の第Ⅳ部第四章には次のように書かれている。


これからは都市社会の文明化が、あらゆる国、特にアメリカ、イギリス、日本などの先進国にとって最重要課題となる。しかし政府や企業では、都市社会が必要とするコミュニティを生みだすことはできない。それは、政府でも企業でもない存在、すなわち非営利の組織NPOの役割となる。[*1]

今日のような都市への人口流入は史上例がないわけではない。いずれの国でもうまくいっていない。この新しい人間環境としての都市社会の行方は、そこにおけるコミュニティの発展いかんにかかっている。[*2]

二〇世紀は政府と企業の爆発的な成長を経験した。だが二一世紀において、我々は、新たな人間環境としての都市社会にコミュニティをもたらすべきものとしてのNPOに、同じような爆発的な成長を期待していると述べている。

原始的には、困ったことがあれば家族（親族）、ムラで解決した。その後は政府が問題の解決をしてくれ、福祉国家が誕生した。しかし、機能不全を起こしたので、政府の事業を非政府組織や民間に移し、機能不全を解消した。

非政府組織や非営利組織といっても、圧力団体ではなく、単なる団体でもない。地域課題、社会問題を解決するコミュニティ組織の誕生は望ましいことであり、また、住民自治のためにもその意見を十分に組み入れなければならない。これからは住民一個人のほかに、これらNPOをも巻き込んだ地域民主主義を実現していかなければならなくなる。

維新好きな日本人

本書冒頭に述べた通り、日本人は「維新」という言葉と行為が大好きである。正確にいうならば、明治維新とそれに関わる一連の出来事が好きである。理由は次のようにいくつか挙げられよう。それは理性というよりか、いずれも人間の感情に訴えるものである。

●旧態依然とした惰眠をむさぼる現在の支配層を倒し、新しい世の中をつくるという正義感。

●社会への不平・不満から、現状の世の中をつぶし、新しい公平・公正な世の中をつくろうとする、ともすれば身勝手な使命感。

●現状よりも、新しいものに早急に変革しなければ、取り残され、悲惨な状態になるという切迫感。

●旧来のものを壊し、新しいものができる期待感とその歴史的転換期の現場に身を置き、参加することができるという自己の存在感。

●歴史的偉業を成し遂げる者として、あるいはその一員として事にあたれるという高揚感。

●すでに社会的地位や利益を得て、その地位・身分・階級を築き上げている者（既得権益者）とその社会をつぶして、グレートリセットを行う。ゼロスタートにして、新しい社会になれば、自分にもチャンスを摑むことができるかもしれないという期待感（新しい社会が築かれても、本人の努力・才覚がなければ結果は同じになるが）。

●革命（revolution）のような多くの犠牲を払うのではなく、できる限り犠牲を少なくして回天するという、維持した革新（innovation）だから良いという大義名分にのっとって成就する善行感。

●明治維新は世界的な社会変革の成功例とされることから、維新は次の社会に移行するための成功術とされる点。

などが挙げられる。だが、ご存じの通り、明治維新以外は成功とされているものはない。時の社会における問題や次代への転換期が顕在化あるいは顕在化しようとしたときに「維新」なるものが叫ばれる。

第八章の最後で、歴史の断絶について述べた。人間観が変わる歴史の大きな断絶について触れたが、日本の歴史上での大きな断絶にはいくつかある。古くは、初の武家政権に移行する前の平安時代の中・後期、天皇親政を再び興そうとした南北朝時代、室町時代から江戸時代の間に位置する戦国時代などがある。いずれの断絶の時代も、混乱、動乱、破壊的行為があり、屍の山が築かれる。江戸時代と明治時代の間の断絶である「幕末の動乱期」もそれにあたる。幕末の動乱期には、大衆に似た層として、維新回天に加わった多くの下級武士、郷士の存在があった。

江戸時代、彼らは家禄や藩の仕事だけで暮らすことができない者も多く、その子弟は長男が家を継ぐことになっていた。つまり長男は、赤貧の中でも社会において、位置と役割があった。家業を継ぎ、やせ細った田畑を耕した。しかしながら、二男、三男以降になればそうはいかない。二男、三男でも、学業ができたり腕に覚えがあれば、学問を教えたり、剣術を指導することができた。しかし、知識や能力、高度な技能を持たない大半の人間にとっては、社会における位置と役割がもてなかった。極貧暮らしの家であれば、当然に金銭的な余裕もなかった。藩に奉仕する社会的な位置も役割もない、空中を漂う分子のような存在であった。

諸外国の脅威が迫った幕末の動乱期になると尊王攘夷が叫ばれた。この運動に多くの二男、三男が加わることになる。

身分に関係なく、誰でも畏敬の念を持つことができる一天万乗の君を敬い、夷狄（外国の敵）から日本を護る。あるいは、それを邪魔する幕府を倒すという使命に巡り会えたことにより、位置と役割が与えられた。自藩の中では居場所がなかったが、藩ではない朝廷の兵の一員として時代を切り開く自己の存在が確認できた。もともとないに等しい自らの自由を犠牲にして、日本国と朝廷のために働いた。

空中に浮かび、行き場のない場所を彷徨っていた分子が結合する場所を見出した。

明治維新の次は、大正維新、昭和維新、平成維新と続いた。いうまでもなく、平成維新なるものは、前二者と目的、趣旨などが異なり、到底同様に扱うものではないが、以後、標語のみが利用されていくことになる。当然、令和維新も叫ばれることになるだろうし、次の元号の維新も声高らかに叫ばれるようになるだろう。

革命や革新ではなく、元来の意味での維新、つまり revolution ではなく innovation は必要だが、破壊を続けるものからは何も生まれるものはない。だからこそ正統保守主義であり続ける必要がある。

＊1　P・F・ドラッカー著・上田惇生訳『ネクスト・ソサエティ――歴史が見たことのない未来がはじまる』p.267より引用（2002年、ダイヤモンド社刊）

＊2　同著p.268より引用

あとがき

本書『経済人、二度目の死――大阪の政治情勢に見る日本社会の変容と未来』は、暗黒と絶望の社会の中で自由と民主主義が奪われていた時期にあったドラッカーが、その生命を賭して書き上げた『「経済人」の終わり』を拠り所として執筆したものである。

そのような大著を、現代の平和な日本の、しかも一地方で起こっている政治現象と政治闘争ショーの解説と分析に利用しようとすることに、畏怖の念を禁じえなかったことも当然にあった。

しかしながら、本書冒頭でも述べた通り、現時代の日本は、一〇〇年ほど前のヨーロッパと同じように旧時代と新時代の狭間にある。このような時代の転換期や断絶の時代においては、全体主義的なものに傾倒しやすくなるのである。

ルソーからヒトラーに至る系譜は一線上に並べることができるが、もちろん、すべてが同じ形をとるわけではない。時のリベラリズムと結びつき、時の道具を利用していき、ルソーもロベスピエールもマルクスもヒトラーも同じ環境で、同じ道具を手にしていたわけではない。

『「経済人」の終わり』の論述を部分的に利用した本書は、当然ながらドラッカーの論述の趣旨を損なわないようにしている。そもそも損なっていれば、私の論理が間違っていることになり、引用している文章についても読者には違和感を覚えることになるだろう。

『「経済人」の終わり』で使われている言葉の程度の違いとしては、「絶望」を「失望」に、「大衆」を「民衆」にしていたりする。

「戦争と失業という双子の悪魔」については、恐慌や不況および企業の耐用年数の短命化や形態変化による失職・不安定な就業・派遣労働という現代不安と、年金問題、高齢になったときのリストラ、老々介護等といった将来不安という現代版の悪魔に置き換え、その悪魔の化身としては、公務員、議員、既得権益者、自民党、その他野党等に置き換えている。

あらゆる社会問題の時代による程度の違いは、その本質が同じであれば、簡単に増幅していく可能性が十分にある。たとえそれが維新の会でなくても、それを引き継ぎ、あるいは新しい全体主義が登場したとき、容易に全体主義運動に陥る可能性は十分にあると考えられる。本書でも散々その理由を述べてきた。

私としては、本書が多くの方に読まれることを目的としているが、第一の目的は、拙著を通過点として『「経済人」の終わり』を多くの方に読んでほしいと願っている。『「経済人」の終わり』は、今の時代にこそ読まれるべき著書である。

本書執筆にあたり、先輩諸兄から助言をいただいた。刊行にあたっては、ダイヤモンド社の今給黎健一氏、花岡則夫氏、中島正博氏およびスタッフの皆様には大変お世話になった。心より深くお礼を申し上げたい。

二〇二一年一月

森本雄一郎

［著者］
森本雄一郎（もりもと・ゆういちろう）
1973年、大阪府生まれ。大阪府立港南高等学校（現・大阪府立港南造形高等学校）、摂南大学法学部法律学科を卒業。大阪市立大学大学院（創造都市研究科修士課程）修了。都市政策修士。十数年間の民間企業勤務を経て、2015年4月寝屋川市議会議員選挙に立候補して初当選。2020年現在、寝屋川市議会議員2期目。学校法人常翔学園 学園評議委員会 評議員（学識）も務める。

経済人、二度目の死
――大阪の政治情勢に見る日本社会の変容と未来

2021年３月16日　第１刷発行

著　者――森本雄一郎
発行所――ダイヤモンド社
〒150-8409　東京都渋谷区神宮前6-12-17
https://www.diamond.co.jp/
電話／03･5778･7235（編集）　03･5778･7240（販売）
編集協力――矢口仁、佐藤早菜（ブランクエスト）
ブックデザイン―菊池祐（本文）・華本達哉（カバー）
製作進行――ダイヤモンド・グラフィック社
DTP ――――マーリンクレイン
印刷――――信毎書籍印刷（本文）・新藤慶昌堂（カバー）
製本――――加藤製本
編集担当――花岡則夫

ISBN 978-4-478-11283-0